Sarmaten

Ein vergessenes Volk formte halb Europa

Band 3

Reinhard Schmoeckel

Widukinds Geheimnis

Der Adel der alten Niedersachsen stammte von Sarmaten ab

Die Deutsche Bibliothek verzeichnet diese Publikation in der Deutschen Nationalbibliographie; detaillierte bibliographische Angaben sind im Internet über

http://dnb.ddb.de

abrufbar.

Graphik: Andrea Egler; www.das-Auge-denkt.com; Düsseldorf

Printed in Germany, Herstellung und Verlag: BoD - Books on Demand, Norderstedt

ISBN: 9783837046144

Zu beziehen über jede Buchhandlung

Inhalt

Vorwort

Widukind, der sächsische Herzog, der einst die Sachsen in ihrem erbitterten Freiheitskampf gegen Karl den Großen führte, das Urbild eines Germanen - - der soll ein Geheimnis in seiner Abstammung haben ? Der soll sogar, wie die meisten seiner Standesgenossen im Adel der Sachsen, Ahnen aus einem völlig unbekannten Volk, den Sarmaten, gehabt haben ? Völlig unglaublich und reine Spinnerei, werden wohl manche Leser dieses Büchleins glauben.

Aber: waren damals wirklich alle Menschen hier in unserem späteren Deutschland „Germanen" ? Vor zweihundert Jahren waren die Historiker fest davon überzeugt, sie nannten alle Menschen, die es im Altertum hier gab, „die alten Teutschen".

Heute sind die Gelehrten viel vorsichtiger. Viele von ihnen wissen gut, dass nicht nur Germanen, sondern auch Kelten und Slawen und „Römer" und verschiedene andere Bevölkerungsgruppen ihre Gene bei den Menschen hinterlassen haben, die heute in unserem Land leben. Wenn wir nur in die jüngere Vergangenheit zurückschauen, dann muss jeder zugeben, dass inzwischen auch Türken und Italiener und Menschen aus allen möglichen anderen Völkern Angehörige unserer Nation geworden sind, die sich „deutsch" nennt.

Wer dies im Kopf hat, für den ist es vielleicht nicht mehr ganz so schockierend, wenn in diesem Buch behauptet wird, vor gut 1500 Jahren seien Menschen nach Mitteleuropa gekommen, die eben keine Germanen waren und trotzdem zu Anführern einiger Stämme wurden, die sich später zu wichtigen Teilen des Volkes entwickelten, das bald den Namen „d e u t s c h" bekam.

Die Menschen, von denen dieses Büchlein handelt, waren Sarmaten. Was das für Leute waren und welche Bedeutung sie hat-

3

ten, soll dieses Buch erklären. Allerdings sollte kein Leser diese Behauptung falsch verstehen. Nicht die G e s a m t h e i t der späteren Deutschen, wie sie die Geschichte kennt, hatte Menschen dieses Volkes zu Vorfahren.

In dem kleinen Buch, das der Leser in der Hand hält, geht es vor allem um den Einfluss von Sarmaten auf die Geschichte des Volksstammes der S a c h s e n . Damit sind n i c h t die heutigen Sachsen im gleichnamigen Bundesland gemeint. Dorthin, in den Osten des heutigen Deutschland, hat sich der Name der Herrscher erst im hohen Mittelalter durch Erbschaft verlagert. Sondern es waren die Menschen, die schon zur Römerzeit und im Prinzip bis heute zwischen unterer Ems und unterer Elbe in der norddeutschen Tiefebene lebten, im jetzigen N i e d e r sachsen. Sie haben ihre Gene und noch viel mehr auf die meisten noch der heutigen Bewohner dieser Region vererbt.

Aber vor 1500 Jahren bekamen diese „Sachsen" Anführer aus dem Volk der S a r m a t e n . Das soll in diesem Büchlein näher erklärt und begründet werden.

Doch weil der Völkername der Sarmaten in der westeuropäischen, speziell der deutschen Geschichtswissenschaft praktisch völlig unbekannt ist, muss wenigstens in einer Kurzform dem Leser das wichtigste Wissen über dieses Volk vermittelt werden. Jedem Leser ist dringend zu empfehlen, auch den Band 1 dieser Buchreihe zu erwerben und zu lesen: **„Sarmaten: unbekannte Väter Europas – Ein neuer Blick auf die Frühgeschichte unseres Landes".** Dort ist über die Geschichte und die Geschicke der Sarmaten allgemein in größerer Ausführlichkeit nachzulesen. Eine Kurzfassung davon bildet der Teil I dieses Buches.

H i e r soll also von der Umformung der alten (germanischen) Sachsen zu einem neuen Volk aus verschiedenen Bestandteilen

4

während des Frühmittelalters berichtet werden, einer Zeit, aus der es keinerlei schriftliche Quellen gibt.

Fragt man die „berufenen" Historiker, dann können sie mehr oder weniger nur die Schultern zucken. Genau über diese Zeit und über diese Gegend finden sie keine schriftlichen Dokumente, und darauf sind sie angewiesen. Daher liest man selbst in neuesten Schriften über die „alten Sachsen" aus der Hand deutscher Historiker kein Wort zu dieser sarmatischen Abstammung.

Und doch gibt es Quellen. Man findet sie in der Erde, und die Archäologen können sie ausgraben; man findet sie in der deutschen Sprache, und Sprachwissenschaftler könnten Hinweise geben; man findet sie in der Wappenkunde (Heraldik), in der Volkskunde, in alten, nur Spezialisten bekannten Schriften und in manchen anderen Anzeichen. Man muss sich nur trauen, alle diese Indizien als solche für die einstige Existenz des Volkes der Sarmaten zu erkennen und ihr Zusammenspiel zu erklären.

Dies wagt der Autor, der seit mehr als fünfzehn Jahren dem Phänomen dieses „vergessenen Volkes" der Sarmaten nachgeht.

Reinhard Schmoeckel

I.

Sarmaten: ein stolzes Volk berittener Hirten- aber ganz anders als die Hunnen

1. Die Vorväter

Der Teil I dieses Buches ist eine Kurzfassung dessen, was in dem grundlegenden Buch diese Reihe, dem **Band 1, Sarmaten – Unbekannte Väter Europas,** ausführlich und mit Literaturnachweisen beschrieben ist. Er soll dazu dienen, dem Leser dieses Buches wenigstens eine kurze ˋÜbersicht von dem zu geben, was man heute über dieses so zu Unrecht vergessene Volk weiß. Damit soll er in die Lage versetzt werden, das einordnen zu können, was im Hauptteil II über das Wirken von sarmatischen Einwanderern nach dem heutigen N i e d e r s a c h s e n vor anderthalb Jahrtausenden berichtet werden kann.

*

Nahezu jeder Deutsche, der eine höhere Schule besucht hat, kennt den Völkernamen Hunnen: ein Volk aus Innerasien, das einst vor vielen Jahrhunderten Angst und Schrecken über die Völker Europas gebracht hat.

Fast niemand kennt jedoch ein Volk, das etwa zur gleichen Zeit in Erscheinung trat und auch, oberflächlich betrachtet, manche Ähnlichkeit mit den Hunnen hatte, sich aber dennoch ganz anders verhielt. Darum hat man es vergessen. Das waren die Sarmaten.

Dieses Volk gehörte zu den „Ariern". Dieser Begriff hat nichts mit „Menschenrassen" zu tun, wie die Nazis einst behaupteten, sondern mit S p r a c h e n. Fast alle Sprachen, die heute in Eu-

7

ropa (zum Teil inzwischen auch in vielen anderen Erdteilen) benutzt werden, gehören zur sogenannten Familie der i n d o e u - r o p ä i s c h e n Sprachen. Vor Jahrtausenden waren sie alle eng mit einander verwandt, ja sie müssen vor noch längerer Zeit einmal aus einer gemeinsamen Wurzel entsprungen sein.

Die Geburtsstätte der Menschen, die einst diese Wurzel bildeten, muss irgendwo in den Weiten Innerasiens gelegen haben, irgendwo zwischen Schwarzem Meer und Pamir. Nach langer Ungewissheit lässt sich das heute mit einiger Wahrscheinlichkeit sagen. Ein Teil dieser Menschen mit indoeuropäischen Sprachen ist später, Jahrtausende v o r Christi Geburt, nach Westen, nach Europa, ausgewandert, andere Teile nach Indien. Sie haben ihre Sprachen mitgenommen und den Menschen aufgezwungen, zu denen sie damals kamen. Daher der Name der Sprachfamilie.

Im innerasiatischen Heimatgebiet waren natürlich noch größere Gruppen zurückgeblieben, von ihnen wanderten etwas später die aus der Geschichte der antiken Welt bekannten Perser in ihre neue Heimat ein. Die sich damals noch sehr ähnlichen Sprachen der alten Inder und Perser nannten die damaligen Sprecher die der „Arier", der „Reinen". Aus dieser S p r a c h gruppe des „Nordiranisch-Arischen" stammt auch die Sprache der Sarmaten.

Genetisch waren ursprünglich sicher alle die Nutzer dieser Sprachen ebenfalls miteinander verwandt. Sie zeigten äußerlich die helle Haut und früher auch helle Haare und andere Merkmale, die die „Europiden" noch heute im Allgemeinen von „Mongoliden" oder „Negriden" unterscheiden. Das sind die wichtigsten menschlichen Erscheinungsformen (nicht „Rassen"), die sich im Laufe der Entwicklung des „Homo sapiens" herausgebildet haben.

Bei den Indoeuropäern, die in Mittelasien zurückgeblieben worden waren - die „Zuzügler" nach Europa waren schon vorher aufgebrochen –, trat bei den Menschen, die dort verblieben waren, ein wichtiger Wandel ihrer Lebensweise ein. Bisher hatten sie mit den Methoden und Hilfsmitteln der Steinzeit einfachen Ackerbau betrieben und Vieh gezüchtet: Schafe, Ziegen, bald auch schon Rinder und Pferde.

Doch dann lernten die Menschen in den Steppen zwischen Schwarzem Meer und Pamir, dass die Wildpferde, die in riesigen Herden dort lebten, noch viel besser zu nutzen waren als zum Verzehr oder zum Ziehen von Wagen. Man konnte auf ihnen r e i t e n. Diese epochemachende „Erfindung" scheint erst am Anfang des letzten v o r christlichen Jahrtausends dort in den Steppen Südrusslands (heute Kasachstan) gelungen zu sein. Sie hat wohl in nur wenigen Jahrzehnten alle dort lebenden Menschen auf Dauer geprägt.

Seitdem waren die Völker, die dort lebten, stolze Reiterhirten geworden. Das Reiten auf Pferden erweiterte schlagartig die Weidefläche der Rinder- und Schafherden, gestattete den Erwerb größerer Herden, gleich ob auf friedliche oder kriegerische Weise, und veränderte zugleich das Bewusstsein der Reiter.

Die Tatsache, Reiter zu sein, auf pfeilschnellen Rossen blitzschnell riesige Entfernungen zurücklegen zu können, das war für die Männer, Krieger und bisherige Hirten zu Fuß, etwas grundsätzlich Anderes als das Leben eines dem Erdboden verhafteten Bauern, das war etwas Vornehmes, Ritterliches, Kämpferisches.

Ganz sicher werden nicht a l l e Menschen im Steppengebiet plötzlich zu Reiterhirten geworden sein, sondern es wird überall weiter ansässige Bauern gegeben haben, wenn auch vielleicht weniger als bisher. Nomadische Hirten kommen nicht ganz ohne die Erzeugnisse des Bodens aus, die von den Bauern hervorgebracht werden, und die Bauern konnten ihr Getreide und Gemüse gut gegen die Überschüsse der Rinder- und Schafherden tauschen. Beide Seiten hatten großen Nutzen von dieser friedlichen Zusammenarbeit.

Das erste Volk dieser Reiterhirten, das man mit Namen kennt, waren die K i m m e r i e r. Sie hatten ihren Ursprung wohl in den Steppen nördlich des Schwarzen Meeres, ließen sich aber von ihren Pferden zeitweise bis weit in den Nahen Osten und bis nach Mitteleuropa tragen, als unstete Räuber und Plünderer. Doch um das Jahr 600 v. Chr. verschwanden sie mehr oder weniger spurlos, verdrängt von einem Volk ganz ähnlicher Sprache, Kultur und Lebensweise, den S k y t h e n. Sie waren für die nächsten Jahrhunderte die Herrscher auf den Steppen Südrusslands.

Mit diesen Skythen hatten die G r i e c h en viel zu tun, die in den letzten Jahrhunderten vor Christi Geburt an den Küsten Kleinasiens und des Schwarzen Meeres überall Kolonien gründeten, kleine Städte, die mit den Nachbarn im Hinterland nützlichen Handel trieben. Die Griechen nannten die gesamte riesige Weite Osteuropas bis nach Skandinavien hinauf Skythia; aber das Gebiet blieb ihnen weitgehend unbekannt.

Auch die H u n n e n hatten wohl in der gleichen Zeit das Reiten gelernt. Ihre Heimat lag ebenfalls in der Weite Innerasiens nördlich der Gebirge Pamir, Hindukusch und Himalaya, aber einige tausend Kilometer von der indoeuropäischen „Urheimat" entfernt. Die Menschengruppe, der sie entstammten, hatte sich wohl aus den im Osten Asiens entstehenden „Mongoliden" heraus zu einer besonderen Art entwickelt, die man in der Wissenschaft heute „turk-mongolisch" nennt. Von den Völkern aus indoeuropäischer Wurzel unterschieden sie sich grundlegend, sowohl ethnisch wie sprachlich und vor allem kulturell.

Auch diese Hunnen waren wohl einst berittene Hirten oder Jäger, aber bei ihnen hatte sich ein Königtum entwickelt, das bald von sich glaubte, ihm stünde das Recht zu, „Herr der Welt" zu sein – oder wenigstens Herr aller Völker in erreichbarer Nähe. Die berittenen Krieger der Hunnen waren nur zu gerne bereit, ihren Königen dazu zu verhelfen, durften sie doch bei den ständigen Kriegen nach Herzenslust bei diesen Nachbarn morden und vor allem plündern. Diese Hunnen werden am Schluss dieser kurzen Einleitung noch eine sehr wichtige Rolle spielen. Doch vorerst, in den Jahrhunderten vor und nach der Zeitenwende, lebten sie noch weit weg im Osten Innerasiens, und niemand in Europa wusste von ihnen.

2. Gesellschaft, Religion und Lebensweise der Sarmaten

Einst, als das Reiterhirtenvolk der Skythen die Steppen der heutigen Ukraine beherrschte, waren die S a r m a t e n ihre östlichen Nachbarn. Doch allmählich wurden die Sarmaten stärker und begannen die Skythen zu bedrängen. Etwa zu Christi Geburt waren s i e das herrschende Volk am Nordufer des Schwarzen Meeres geworden, und von den Skythen hörte man nichts mehr. Dabei waren auch deren Besieger enge sprachliche, ethnische und kulturelle Verwandte der Skythen.

Mit den Sarmaten hatte nun das Römische Reich zu tun, das seinen Einfluss schon so weit in den Osten Europas ausgedehnt hatte. Die R ö m e r nannten die Weite Osteuropas „Sarmatia", doch verwechselten viele der antiken und mittelalterlichen Schriftsteller häufig die Begriffe Skythia und Sarmatia; sie sahen wohl gar keinen Unterschied darin. Beide Begriffe bezogen sich ja auf dieselbe Gegend.

Den Römern waren ihre Nachbarn, die Sarmaten, viel zu weit entfernt, als dass sie sich näher damit beschäftigt hätten. Daher weiß man aus antiken Quellen praktisch nichts über dieses Volk, anders als über die Germanen, für die man immerhin das berühmte Werk „Germania" des Tacitus kennt. Doch gibt es heute noch zwei „Volkssplitter" dieser Sarmaten, aus deren Denk- und Lebensweise man manches über ihre Vorfahren erfahren kann.

Der eine dieser Überreste ist das Volk der O s s e t e n im Kaukasus, heute benutzen noch etwa 500 000 Menschen deren Sprache. Man weiß von diesen Osseten, dass sie Reste des sarmatischen Volkes (ursprünglich Stammes) der Alanen sind, die sich im späten 4. Jahrhundert n. Chr. vor dem Ansturm der Hunnen in die unzugänglichen Täler des Kaukasus-Gebirges geflüchtet haben. Allerdings sind diese Osseten inzwischen doch schon stark von den umgebenden Kaukasus-Völkern und vor allem von den Russen beeinflusst worden, die seit gut 200 Jahren dort herrschen.

Kaum von Fremden beeinflusst ist dagegen ein winziges Völkchen im Himalaya, am Oberlauf des Indus, das jedoch nur noch gut 2000 Menschen zählt. Es heißt M i n a r o und ist erst in den letzten Jahren näher von europäischen Ethnologen untersucht worden. Offenbar haben sich schon vor 2000 Jahren Menschen aus der Gruppe, die zuvor die „arischen" Inder, die Perser und die Reitervölker mit indoeuropäischer Sprache hervorgebracht hatte, dort in die Bergeinsamkeit zurückgezogen.

Sie sehen heute noch sehr „europäisch" aus, im Gegensatz zu ihren Nachbarn mit tibetisch-mongolischen Gesichtszügen. Und so wenige Minaros es nur noch gibt, so leisten sie sich zwei Bevölkerungsklassen, die streng voneinander getrennt existieren. Ein Mann aus der Adelskaste, der ein Mädchen aus der unteren Kaste zur Frau nimmt, darf das Haus seiner Eltern nie mehr betreten, in drei Generationen nicht. Aber die b i o l o g i s c h so geschiedenen Kasten sind durch r e l i g i ö s begründete Schwurgemeinschaften auf Dauer miteinander verknüpft: mehrere Bauern oder Handwerker aus der unteren Kaste leisten für sich und ihre Familien einem Adligen einen lebenslang gültigen Gefolgschaftsschwur. Der hat Wirkung nicht nur für die Menschen aus der unteren Kaste, sondern genauso für den Adligen: er ist für seine Gefolgsleute verantwortlich und muss ihnen helfen und in Schwierigkeiten beistehen.

Dieses Prinzip dürften auch die sarmatischen „Vorfahren" der Minaros angewendet haben. Nach allem, was man weiß oder erschließen kann, haben sich die Adligen der Sarmaten streng nach der Devise verhalten und die zu ihrer Schwurgenossenschaft gehörigen und damit ihrem Schutz anvertrauten Menschen nie als Sklaven oder „unberührbar" behandelt. Stattdessen könnte der heute noch für den gesamten europäischen Adel geltende Spruch „Noblesse oblige – Adel verpflichtet" direkt dem Denken dieses bemerkenswerten Volkes entsprungen sein.

Von der Religion der Sarmaten weiß man praktisch nichts, hier hilft auch der Vergleich mit den Minaros nicht weiter, die offenbar heute noch einen v o r- indoeuropäischen Feen-Glauben praktizieren.

Doch was die Minaros über die „Reinheit" denken, ist höchst aufschlussreich und lässt Rückschlüsse auf die Einstellung der Sarmaten zu. Den Minaros als Bewohner des Hochgebirges erscheint die Berghöhe als „rein", das tiefe Tal als „unrein". Dasselbe gilt auch von den Menschen: die Angehörigen der oberen Klasse sind wohl von sich aus „reiner" als der unteren, Männer mehr als Frauen, doch kann ein Mensch durch eigenes Tun mehr Reinheit oder mehr Unreinheit in sich aufnehmen. Die weibliche Menstruation und der Tod lässt nach dem Glauben der Minaros den Zustand der Unreinheit ohne eigenes Zutun entstehen. Dann ist eine rituelle Reinigung Pflicht, sie kann durch Einatmen von Wacholder-Rauch bewirkt werden, „nicht reine" Tote müssen im „reinigenden heiligen Feuer" verbrannt werden.

Daraus lässt sich für die Sarmaten schließen, dass die Angehörigen der Adelsklasse, vor allem die Männer – bei ihnen „Schah" genannt – von sich aus selbst nach dem Tod als ausreichend rein galten, so dass ihre Körper im Normalfall unverbrannt bestattet werden konnten. Leichen der unteren Klasse mussten jedoch verbrannt werden, um sie für ihren „Weg ins andere Leben" rein zu machen. Nur die Adligen, vielleicht auch nur die Fürsten unter ihnen, erhielten zudem einen Grabhügel über dem Körpergrab, wie das schon ihre Urahnen in der südrussischen Steppe vor tausend oder mehr Jahren getan hatten.

Deutschen Archäologen könnte dieses Wissen manches Raten ersparen. Sie haben vor allem aus dem 5. und 6. Jahrhundert n. Chr. in Deutschland etliche Friedhöfe ausgegraben, wo die angebliche Regel nicht stimmte, dass die Germanen – die es ja nach Überzeugung der Archäologen dort nur geben konnte – ihre Toten n u r unverbrannt o d e r verbrannt (je nachdem) beigesetzt hatten. Wenn dann in der Nähe solcher Grabstätten auch noch Gräber von P f e r d e n auftauchten, dann waren die Archäologen total verwirrt und konnten das nur durch eine „Übernahme von Sitten aus dem Südostraum Europas" durch die Germanen in Deutschland erklären. Zu den Pferdegräbern, einem offenbar n u r für Sarmaten geltenden Brauch, ist Näheres im Teil II dieses Buches nachzulesen.

Als berittene Hirten von Großvieh, Rindern und Schafen, mussten die Sarmaten mit ihren „Wohnungen" beweglich sein, denn die Herden zogen ja immer weiter, wenn das Futter in einem Tal oder einer bestimmten Gegend abgegrast war. Vermutlich schliefen die Familien in hölzernen Karren, die von geduldigen Ochsen gezogen wurden, oder in den Zelten aller asiatischen Reitervölker bis heute, den Jurten, die aus einem Holzgestänge bestanden, die mit Fellen abgedeckt wurden. Das ist ein Grund, warum die Wissenschaft der Archäologie die Sarmaten so gar nicht finden kann, denn sie errichteten nun einmal keine Häuser.

Die Lebensweise und die Einstellung der Sarmaten dürfte ein wenig der der berühmten Cowboys im Wilden Westen der USA im 19. Jahrhundert geähnelt haben. Sie waren schnell mit der Waffe zur Hand; wenn sie oder ihr Vieh bedroht wurden, und sie waren durchaus kampferprobte und tapfere Krieger, wenn es sein musste. Aber sie waren keine blindwütigen Plünderer oder größenwahnsinnige Eroberer wie die Hunnen. Deshalb hat man sie vergessen und die Hunnen nicht.

Man weiß nicht genau, ob in der langjährigen Heimat der Sarmaten, dem Gebiet der heutigen Ukraine, eine bäuerliche Bevölkerung jeweils zu dem betreffenden Stamm gehörte, oder ob es sich einst um anders benannte Menschengruppen handelte. Auf jeden Fall musste aber ein intensiver Tauschhandel zwischen Viehhirten und Bauern stattfinden: Fleisch, Milchprodukte, Wolle, Leder und andere tierische Produkte gegen Getreide, Gemüse, Leinwand und andere Erzeugnisse der Bauern. Beide Seiten fuhren gut dabei.

3.   Aus der bewegten Geschichte des Volkes

In den letzten Jahrhunderten vor der Zeitwende müssen die Sarmaten mit großem Druck von Osten her über den Don und Dnjepr in das damalige Wohngebiet der Skythen eingedrungen sein. Wie schon erwähnt, hatten sie um die Zeit von Christi Geburt die Skythen besiegt – oder richtiger gesagt, die Reste dieses Volkes in sich aufgenommen. In dieser Zeit war wohl schon eine wichtige Veränderung in der inneren Ordnung ihrer Gesellschaft eingetreten.

In der Frühzeit des sarmatischen Volkes gab es bei ihm eine Besonderheit: Auch junge Frauen kämpften in Kriegen mit, als geschickte Reiterinnen und Bogenschützen. Die frühen Griechen hörten davon und machten sich in Legenden und Bildwerken ein

Bild von diesem „Amazonen". Doch später änderte sich die Kampfweise der Sarmaten. Sie griffen nun in geschlossener Reiterfront mit langen Lanzen ihre Gegner an, geschützt durch schwere Kettenpanzer. Da konnten Frauen körperlich nicht mehr mithalten, und so mussten sie allmählich aus ihrer gleichberechtigten Rolle im sarmatischen Volk ausscheiden.

Lange waren die Sarmaten Nachbarn der griechischen Städte, die sich ab dem 6. Jahrhundert vor Christus unter anderem auch im Nordrand des Schwarzen Meeres angesiedelt hatten. Doch allmählich verlagerten die Sarmaten die Weidegründe für ihr Vieh weiter nach Westen, in die Tiefebene, die man heute auf Ungarisch Puszta nennt. Von alten Zeiten her zerfiel das Volk der Sarmaten in verschiedene Stämme (ähnlich wie die Germanen), die anfangs so etwas wie enge Kampfgemeinschaften waren, später allerdings wohl hauptsächlich Kultgemeinschaften. Von einigen wichtige Stämmen kennt man die Namen: Jazygen, Roxolanen , Aorsen, Alanen und Turker (nicht mit den modernen Türken zu verwechseln).

Ab etwa dem 1. Jahrhundert n. Chr. kamen g e r m a n i s c h e Stämme, wie die Goten und die Rugier, ins südliche Russland, in die Ukraine und ins heutige Rumänien. Sie waren von der Ostseeküste her immer weiter nach Süden gewandert und hatten sich in den fruchtbaren Regionen der Ukraine, der „Schwarzerde" im Südwesten, als Bauern festgesetzt. Von größeren Kämpfen zwischen Sarmaten und Germanen ist nichts bekannt, die Nachbarn scheinen sich recht gut vertragen und sogar einander in der Lebensweise, aber auch der Bekleidung und den Gebrauchsgegenständen angeglichen zu haben.

In den ersten Jahrhunderten nach Christi Geburt – das heißt, in der Frühzeit des Römischen Reiches – waren die germanischen Völker im Nordteil der Balkan-Halbinsel, aber eben auch die

16

Sarmaten, Nachbarn dieses Reiches, das den Unterlauf der Donau als seine Grenze benutzte und auch befestigt hatte („Limes").

Es kam gelegentlich zu Kriegen zwischen Rom und seinen Nachbarn, immer über die Donau als Grenze hinüber. In den bekanntesten dieser Kriege – sie heißen in der Geschichtsliteratur die „Markomannenkriege" (ca. 160 – 180 n. Chr.) – waren offenbar Sarmaten mit den germanischen Markomannen verbündet, siegten mit ihnen oder wurden mit ihnen besiegt, wie das in diesen wechselvollen Kriegen mehrfach passierte.

Aus dem Jahr 175 n. Chr. berichten römische Geschichtsschreiber von einem Frieden, den die Sarmaten mit den Römern abschließen mussten, als sie besiegt waren, aber immerhin noch nicht so, dass die Verlierer jede Bedingung hätten akzeptieren müssen. Die Sarmaten mussten sich verpflichten, sich 10 römische Meilen (ca. 15 km) von der Donau, der Grenze, fernzuhalten, sie mussten Gefangene herausgeben, und vor allem mussten sie 8000 ihrer berühmten Panzerreiter dem römischen Heer überlassen.

5500 davon, vermutlich 10 „Dracones" (Regimenter), wurden sogleich quer durch Europa in Marsch gesetzt, um im Norden Britanniens am sogenannten „Hadrianswall" die Grenze des Römischen Reiches gegen die Pikten (die Urahnen der Schotten) zu verteidigen. So wurde das Volk der Sarmaten zugleich militärisch geschwächt und dem römischen Heer hoch geschätzte Elitesoldaten gewonnen.

Wie stets, waren die Krieger von ihren Familien und Gesinde begleitet, doch war das so selbstverständlich, dass es antike Autoren nie erwähnt haben. Vermutlich gingen diese in ein fernes Land verpflanzten Sarmaten nicht etwa im „römischen Völkerbrei" unter, sondern haben dem eigentlich keltischen Volk der Waliser später ihre Anführer gestellt. Der berühmte König Artus war wahrscheinlich sarmatischer Abstammung- Doch kann das hier nicht näher untersucht werden.

Auch später muss es immer wieder einmal zu Kriegen gekommen sein, doch scheinen sie weder das Römerreich noch die verschiedenen Stämme der Sarmaten besonders schwer in Mitleidenschaft gezogen zu haben. Daneben und sogar während solcher Kriege gab es immer wieder sarmatische Gruppen, die sich freiwillig dem römischen Heer als Söldner zur Verfügung gestellt haben. Sie waren ja als Spezialtruppe hoch geschätzt und haben wohl im Allgemeinen treu die Dienste geleistet, die Rom von ihnen erwartete.

Gerade in der Spätzeit des Römischen Reiches bestand dessen Heer fast nur noch aus solchen „barbarischen" Söldnern. Ein sarmatisches Reiterregiment, ein „Draco", zählte vermutlich etwa 500 Reiter und wurde von je etwa 2000 Familienangehörigen und Gesinde begleitet. Ganz allmählich begann das Volk der Sarmaten sich in zahlreiche solche kleinere, manchmal auch größere „Volkssplitter" aufzulösen.

Die Offiziere dieser Truppen stammten natürlich alle aus der Adelskaste der Sarmaten, den „Schah" (wahrscheinlich „Schach" gesprochen). Diese Offiziere trugen im Kampf einen Wollmantel über ihrer Eisenrüstung, der beim Ritt und beim Kampf als Erkennungszeichen diente; diese Mäntel waren so etwas wie Vorläufer der späteren Fahnen und auch der bunt bemalten Wappenschilde der Ritter, denn sie waren in verschiedenen Mustern gewebt, je nach dem Stamm, aus dem das Regiment oder die Gruppe kam.

Diese Muster sind wichtige Indizien für die weite Verbreitung der Sarmaten in der späten Völkerwanderungszeit; sie haben sich über viele Generationen in den jeweiligen Adelsfamilien gehalten und sind später in ritterliche und fürstliche Wappen umgewandelt worden und haben sich so für die Nachwelt erhalten. Das wird gleich noch wieder aufgegriffen werden.

Das Ende des 4. nachchristlichen Jahrhunderts brachte für das Römische Reich, aber auch für alle seine Nachbarn im europäischen Osten eine Zeit der Bedrohung, der Flucht und der Unterwerfung. Denn die Hunnen setzten plötzlich zum Feldzug gegen Europa an.

Dieses Volk war inzwischen bei seiner konsequenten Wanderung nach Westen aus Innerasien an der Wolga angekommen, die man damals und auch heute noch als Grenze zwischen Asien und Europa ansieht. Das germanische Volk der Ostgoten, das sich dort angesiedelt hatte, versuchte sich mit seinen Reitern den Hunnen entgegen zu stellen, wurde aber geschlagen, sein König Ermanerich verlor sein Leben und die übrig gebliebenen Ostgoten verloren ihre Freiheit. Sie mussten sich bedingungslos der Befehlsgewalt der Hunnen unterwerfen.

Andere Völker flüchteten nach Westen, so die Westgoten aus Rumänien ins Römische Reich südlich der Donau (das heutige Bulgarien). Die Alanen, einst ein Stamm der Sarmaten, inzwischen ein eigenes Volk, retteten sich teilweise in den für Reiterheere nicht zugänglichen Kaukasus und wurden dort später zu den schon erwähnten Osseten. Ein anderer Teil der Alanen trat zusammen mit den germanischen Vandalen, Sueben und weiteren Völkerteilen einen abenteuerlichen Zug durch den Westen des Römischen Reiches an, der sie bei Mainz über den Rhein nach Gallien, dann zusammen mit den Vandalen nach Spanien und schließlich nach Afrika ins heutige Tunesien führte (ab 406 n. Chr.).

Mehrere kleine Gruppen von Sarmaten scheinen diese große „Völkerwanderung" – die einzige, die diesen Namen wirklich verdient – auf der Flucht vor den Hunnen mitgemacht zu haben. Viele Anzeichen deuten darauf hin, dass sich in diesen Jahren

Sarmaten in der fruchtbaren Region rund um die Stadt Mainz, links und rechts des Mittel-Rheins, niedergelassen haben, gewissermaßen als zurückgebliebene Nachzügler des großen Völkersturms. Im Band 1 dieser Reihe ist das näher beschrieben.

Doch die meisten Sarmaten - und auch ihre germanischen Nachbarn – von der nördlichen Balkan-Halbinsel bis hinüber in die Ukraine konnten nichts anderes tun, als sich der Herrschaft der Hunnen zu unterstellen. Dann wurde bei ihnen wenigstens nicht mehr geplündert und gemordet. Aber die unterworfenen Völker mussten den hunnischen Kriegern alles liefern, was diese für ihren Lebensunterhalt und für ihre Bequemlichkeit benötigten, und dem König der Hunnen mussten sie Hilfstruppen stellen, wenn der gegen weitere Nachbarn in den Krieg zog – und das geschah sehr oft. Mehrere Jahrzehnte dauerte diese entwürdigende, aber für die Bauern und Familienangehörigen der zum Fremddienst gepressten Krieger ereignislose Zeit.

So haben sicher auch sarmatische Reiter im Heer des Hunnenkönigs Attila in der berühmten „Schlacht auf den katalaunischen Feldern" im Norden Galliens (451 n. Chr.) mitgekämpft, auch wenn sie von den wenigen römischen Quellen nicht besonders erwähnt wurden. Diese Schlacht deutete das nahende Ende der Hunnenherrschaft an, denn Attila verlor sie, und damit war sein „Heil" beschädigt, die Aura der Unbesieglichkeit, die ihn bisher umgeben hatte.

Attila konnte mit einem Teil seiner Truppen nach Ungarn entkommen, und bereits im nächsten Jahr versuchte er erneut einen Feldzug gegen das weströmische Kaiserreich, indem er in Oberitalien einfiel. Doch eine Seuche, die auch seine eigenen Truppen bedrohte, machte auch diesem Versuch, sein Ansehen wiederherzustellen, ein baldiges Ende. Ein Jahr später (453) war der gefürchtete Hunnenkönig tot, angeblich im Brautbett gestorben.

Der hunnische „Staat", der nur auf der Furcht vor dem König Attila aufgebaut war, zerfiel schnell. Seine Söhne zerstritten sich, und die Germanenstämme in seinem ehemaligen Herrschaftsgebiet nutzten die Gelegenheit. Sie taten sich zusammen und besiegten die Hunnen in einer „Schlacht am Fluss Nedao", wohl 454. Von einem Tag zum anderen war damit die Hunnenherrschaft und damit auch die Furcht vor diesem Volk vorüber, spätestens zwei Jahre nach Attilas Tod.

Einige der Söhne Attilas begaben sich mit ihren Gefolgschaften als Söldner in den Dienst des Oströmischen Reiches (Hauptstadt Konstantinopel), andere flüchteten nach Osten und einige wenige unterwarfen sich nun ihrerseits den siegreichen Germanen.

II.

Der Stamm der neuen „Sachsen" entsteht sehr friedlich

1. Ein Volksstamm beginnt sich aufzulösen

Mit dem Sieg der germanischen Stämme auf der Balkanhalbinsel über die Hunnen waren zwar die gehassten fremden Herren verschwunden. Aber die bisher ereignislosen Zeiten dort waren auch vorüber. Denn nun begannen die dort lebenden germanischen Völker, sich gegenseitig anzugreifen.

Über die Gründe dafür hat die einzige antike Quelle für diese Vorgänge, der Historiker Jordanes, leider nichts berichtet. Man kann nur schließen, dass die Ostgoten, die Gepiden, Heruler, Rugier, Sueben, Vandalen, Langobarden oder Skiren, diese Stämme mit germanischer Sprache, die seit langem im heutigen Ungarn und Rumänien oder in der Nachbarschaft lebten, in den Jahren der hunnischen Zwangsherrschaft gehindert waren, ihre gegenseitigen Abneigungen mit dem Schwert kundzutun, wie sie das früher so gerne getan hatten. Die Furcht vor dem Eingreifen der hunnischen Oberherrn hatte das verboten. Jetzt konnten sie wieder nach Herzenslust aufeinander einschlagen.

Die daran nicht beteiligten Sarmaten in der Nachbarschaft muss das schwer betroffen haben. Wahrscheinlich nahm alle paar Monate ein hungriges Germanenheer seinen „Mundvorrat" von den Herden der Sarmaten mit, an denen es vorbei kam. Außerdem wurden vermutlich die Herden immer wieder von den durchziehenden oder kämpfenden Germanen in ein gefährliches „Stampede" versetzt.

Die Eigentümer dieser Herden, die sarmatischen Adligen, waren zwar tapfere Krieger, aber ihre kleinen Schwurgemeinschaften von Kriegern und Gesinde lebten nicht in enger Nachbarschaft mit anderen Sarmaten, sondern mit bewusst größerem Abständen zu den Herden des Nachbarn. Daher waren sie nun nicht in der Lage, sich gegen Heere von Germanen zur Wehr zu setzen, wenigstens nicht ohne längere Vorbereitungen.

Bei diesem Volk scheint es nie ein ausgeprägtes Gefühl einer „völkischen" Einheit gegeben zu haben (ebenso wenig übrigens wie bei den gleichzeitigen Germanen !!). Selbst die kulturelle Verbundenheit in den alten S t ä m m e n der Sarmaten, die sich vielleicht in gemeinsamen religiösen Riten und kultureller Verbundenheit zeigte - und höchstwahrscheinlich noch lange in einer gemeinsamen Farbe der Adelsmäntel -, war jetzt, nach dem Ende der Hunnenzeit, die so Vieles verändert hatte, im Verblassen.

Ein „vereintes Volk der Sarmaten" hätte vielleicht sich gegenüber den Germanen behaupten können, denn schließlich waren die Krieger dieses Volkes an Tapferkeit und Kampftüchtigkeit den Germanen wahrscheinlich durchaus ebenbürtig. Aber ein solches „vereintes Volk" gab es eben nie.

Die größten Einheiten von Kriegern, die sich noch zusammenfinden konnten, waren vielleicht die „Dracones" (Regimenter); sie waren wohl nicht nur im Militäreinsatz, sondern auch im zivilen Leben wohl organisierte Einheiten. Sie umfassten offenbar je ca. 500 – 600 Kriegern und höchstens 2000 Frauen, Kindern und Gesinde aus der unteren Kaste. Die Befehlshaberschaft dieser Schwurverbände lag sicher bei den Anführern („Fürsten") der alten Adelsfamilien, deren jüngere Söhne gewissermaßen von Natur aus die unteren „Offiziersstellen" in diesen halb militärischen, halb zivilen Bevölkerungssplittern besetzten. Die adligen Familien in einem solchen Draco − untereinander vermutlich ziemlich nahe verwandt – könnten vielleicht insgesamt je etwa 40 – 60 Mitglieder gezählt haben.

Die vorstehenden Behauptungen sind, wie fast alle Feststellungen über die Sarmaten, nicht in irgendwelchen alten Schriften zu finden, sondern entstanden aus logischen Überlegungen, die man anstellen kann, wenn schon viele Indizien zusammen gekommen sind, die etwas über die Lebensweise dieses Volkes aussagen.

Gleiches gilt auch für das, was auf den nächsten Seiten behauptet wird.

Bei den Sarmaten in Pannonien dürfte sehr rasch nach dem Ende der Hunnenherrschaft auf der Balkan-Halbinsel und damit dem Beginn der Kriege von Germanen untereinander der Gedanke aufgetaucht sein, aus der jetzt so ungemütlich gewordenen Heimat auszuwandern. Das konnte nur in relativ kleinen Gruppen geschehen; höchstens, dass sich zwei oder drei benachbarte Dracones zusammentaten, die wahrscheinlich auch durch eine Verwandtschaft der führenden Adelsgeschlechter verbunden waren.

Nur so lässt sich erklären, dass in der zweiten Hälfte des 5. Jahrhunderts n. Chr. überall in Osteuropa und auch in Mitteleuropa Anzeichen für die Ausbreitung sarmatischer Herrschaften über „einheimische" Bauern sichtbar werden und zur gleichen Zeit dieses einst große und menschenreiche Volk offenbar spurlos verschwindet (siehe dazu das Kapitel III.1 in diesem Buch) . Sehr wahrscheinlich lag es nicht nur am Fehlen antiker Autoren, die sich speziell für dieses Volk interessierten, sondern auch daran, dass eben ab dem Beginn des 6. Jahrhunderts einfach keine Sarmaten mehr da waren, über die hätte berichtet werden können.

Zur Abrundung des Wissens der Leser werden im Teil III dieses Buches h i e r z u noch einige Fakten nachgetragen.

2. Die Wanderung nach Westfalen

Vieles spricht also dafür, dass schon ganz kurz nach dem Ende der Hunnen-Herrschaft in Pannonien, also schon etwa um das Jahr 455, sich einige sarmatische Fürsten mit ihren Schwurgemeinschaften auf den Weg nach Norden machten, um ein freies Weideland für ihre Herden zu finden.

Zwar gab es damals noch keine Zeitungen und auch kein Fernsehen, aber das bedeutete nicht, dass man nichts über geeignete Regionen wusste, wo die eigene Schwurgemeinschaft wohl gut leben könnte. Denn viel häufiger, als man heute glauben möchte, zogen Kaufleute mit ihren Karren oder beladenen Pferden bei den einzelnen Dörfern oder Wohnsitzen im fremden Land vorbei, boten ihre Waren an und tauschten dagegen bei den Bauern oder Hirten ein, was für sie von Wert war. Außerdem – und das war die zweite wichtige Funktion dieser Kaufleute, an die man heute nicht denkt – brachten sie Neuigkeiten mit.

Vielleicht waren ihre „Zeitungen" etwas konkreter und gegenwarts-bezogener als die „Mären", die die ebenfalls reisenden Sänger (althochdeutsch: Skops) zum Besten gaben. Beide Worte in Anführungsstrichen bedeuteten im Mittelhochdeutschen fast dasselbe, wobei damals noch niemandem die Idee kam, dass das eine Reales und das andere Erfundenes bedeuten könnte.

Die Kaufleute jedenfalls wussten den Dorfältesten, Häuptlingen oder Fürsten, bei denen sie einkehrten, viel zu erzählen über die Gegenden, wo sie früher gewesen waren, und sie wurden auch gezielt ausgefragt, auch nach dem, was sie von anderen Kaufleuten unterwegs gehört hatten. So wird man selbst bei den Adelsherren der sarmatischen Hirten in Pannonien recht gut Bescheid gewusst haben, wo es für sie Gegenden gab, die nicht von Kriegen kampfbesessener Germanen „verseucht" waren.

Eine Wegrichtung, die vom heutigen Ungarn aus nach Nordwesten führte, war gewissermaßen durch die Natur den Gruppen vorgeschrieben, die mit größeren Herden von Vieh, mit Wagen und mit zahlreichen Fußgängern und Reitern „auf Völkerwanderung" gehen wollten. Denn damals existierten zwar schon zahlreiche Handelsstraßen kreuz und quer durch Europa seit uralter Zeit. Aber das waren nach heutiger Sicht meist nur „Trampelpfade", gangbar für kleine Gruppen von Fußgängern, vielleicht auch Reitern und für einzelne Karren von Kaufleuten, aber nicht für hunderte oder gar tausende von Menschen auf einmal.

Wege für solche großen Züge boten im Altertum allein die Ufer größerer Flüsse, wie Rhein und Donau. Auch die Flüsse March und Elbe in Tschechien waren geeignet, vor allem für alle Menschen, die ins heutige Deutschland wollten. Der Durchbruch der Elbe durch das Elbsandsteingebirge, der alten Grenze, bot überhaupt den einzigen Weg für größere Menschengruppen, das Grenzgebirge zu durchqueren.

War diese Strecke erst einmal überwunden, dann stand den Auswanderern kein größeres Hindernis mehr entgegen. Sie konnten sich nach Westen halten, südlich am Harz vorbei an der mittleren Leine entlang bis etwa in die Gegend der heutigen Stadt Holzminden, dort mit Hilfe einer Furt die obere Weser überqueren und bei den Externsteinen die Handelsstraße erreichen, die bereits seit der Steinzeit Südfrankreich mit der Ostsee verband.

Dort konnten sie dann hinter dem Bergabhang eine weite Ebene sehen, wie geschaffen für das Sattwerden großer Herden von Rindern, Schafen und Pferden. Es war die heute Senne genannte Gegend im östlichen Westfalen, dort, wo die Flüsse Ems und Lippe entspringen.

Auf dem ganzen Weg von der pannonischen Puszta bis hierher hatten die Herden keine größere Höhe ersteigen, keinen Bergpass überwinden müssen, und an den Flüssen, an denen die sarmatischen Hirten entlang gezogen waren, konnten Vieh und Menschen stets nach Herzenslust trinken. Übrigens war die Entfernung von Ungarn bis Westfalen nicht weiter als der Weg, den die amerikanischen Cowboys im 19. Jahrhundert von Nord-Texas mit ihren Herden an die ersten transkontinentalen Eisenbahnen in den USA zurücklegen mussten, um ihr im Sommer auf der Prärie gemästetes Vieh in die Schlachthöfe bringen zu lassen: zwischen 800 und 900 Kilometer.

Nach ihrem Abstieg in die Ebene der ostwestfälischen Senne haben sich wohl die sarmatischen Dracones in die einzelnen Schwurgemeinschaften aufgeteilt, jeweils unter Anführung einer Adelsfamilie, und sie haben die Weideflächen für ihr Vieh wie gewohnt in gehörigem Abstand von einander gehalten.

Vermutlich haben in der Frühzeit nach der Einwanderung sarmatischer Viehhirten – ab den Jahren um 455 n. Chr. – deren Herden zuerst meist südlich der Lippe, aber nicht im gebirgigen Sauerland, geweidet, nachweisbar an verschiedenen „Pferdegräbern" in dieser Region. Im Jahrhundert danach erfolgte dann wohl eine langsame Ausdehnung in Richtung Norden, nach dem mittleren und nordöstlichen Westfalen. Meist dürften jüngere Söhne aus sarmatischen Adelsfamilien sich mit einem Teil der Viehherden und des menschlichen Gefolges auf die Suche nach neuen Weideflächen und einem günstigen Ort der Niederlassung gemacht haben, wenn die Herden an der alten Stelle groß genug zur Teilung geworden waren.

Offenbar vollzog sich nach erstem Streit mit den dort ansässigen wenigen germanischen Bauern – dabei mag es durchaus auch einmal Tote und Verwundete gegeben haben – eine Annäherung der beiden verschiedenen Völker. Denn anders als die Hunnen waren eben die Sarmaten nicht auf Plündern und Brandschatzen aus, sondern hatten Interesse an einem friedlichen Austausch der Erzeugnisse des Bodens und der Herden zwischen den einheimischen Bauern und den eingewanderten Viehzüchtern. Aus dem friedlichen Handel entstand allmählich eine Art Herrschaft der sarmatischen Adelsfamilien über die Bauern der Umgebung.

Diese Vorgänge in W e s t f a l e n sind in Band 2 dieser Buchreihe näher beschrieben: **„Die Westfalen und ihr weißes Ross".**

Doch zahlreiche Indizien weisen darauf hin, dass die sarmatischen Adligen, die im 5. Jahrhundert nach W e s t f a l e n kamen, a u c h die Vorfahren des Adels der späteren „Sachsen" im heutigen N i e d e r sachsen waren. Das waren allerdings Vorgänge, die sich erst im 7. und 8. Jahrhundert abspielten; sie werden in d i e s e m Band der Buchreihe näher beschrieben (siehe die Kapitel 7 ff.).

Die Verwandtschaft der alteingesessenen Westfalen mit d e n Niedersachsen, die ebenfalls schon Vorfahren in ihrer Heimat seit Jahrhunderten haben, ist so auffällig, dass sie kein Zufall sein kann. Es ist nicht nur das gleiche „springende weiße Ross" in den Wappen Westfalens und des heutigen Bundeslandes Niedersachsen, das auf diese historische Verwandtschaft hinweist.

Das, was auf den vorstehenden Seiten nur behauptet wurde, muss natürlich auch plausibel belegt werden, damit es korrekte Wissenschaftler auch glauben. Diese Belege stammen aus völlig verschiedenen Wissenschaften; sie werden in den nachfolgenden Kapiteln näher dargestellt.

3. Die geheimnisvollen Pferdegräber

Seit Menschen auf Pferden reiten gelernt hatten, sind immer wieder einmal solche treuen Helfer nach ihrem Tod sorgsam beigesetzt worden, auch wenn in der Regel Arbeitstiere „auf den Schindanger" kamen und vielleicht vorher aufgegessen wurden.

Solche Pferdegräber sind natürlich auch den Archäologen aufgefallen; sie konnten feststellen, wo sie häufig anzutreffen waren und worin sie sich im Detail unterschieden. E r k l ä r u n g e n für diese Unterschiede kann jedoch die Wissenschaft der Archäologie mangels zuverlässigen h i s t o r i s c h e n Wissens nicht liefern - - und wenn sie es dennoch versucht, dann kommen häufig Fehlurteile heraus. Doch die sind dann äußerst langlebig, weil wiederum die H i s t o r i k e r sich auf die „Erkenntnisse" der Archäologie verlassen und sich keine Mühe geben, selbst genauer zu forschen. Bei den Pferdegräbern der Sarmaten ist dieser „Systemfehler" besonders auffallend und bedauerlich.

Archäologische Grabungen haben inzwischen in Mitteleuropa, z. T. darüber hinaus, mehrere hundert Gräber festgestellt, in denen Pferde beigesetzt wurden [1]. In sehr vielen Fällen waren diese Pferdegräber ganz in der Nähe menschlicher Körpergräberfelder angelegt, selten aber waren ein Reiter und ein Pferd in e i n e m Grab beigesetzt (das sind dann sog. „Reitergräber"). Von den menschlichen Körpern waren viele unverbrannt beigesetzt worden, doch fiel auf, dass auch zahlreiche Brandgräber auf dem gleichen Friedhof anzutreffen waren.

---

[1] Eine frühe Zusammenstellung älterer, regional erstellter Listen aus den 50er und 60er Jahren des 20. Jahrhunderts stammt von M. Müller-Wille, Pferdegrab und Pferdeopfer im frühen Mittelalter, in: Jahrbuch des Rijksdienst voor Oudheidskundig Bodemonderzoeg 20/21 (Niederlande, 1972), S. 119 - 248

Dieser Zusammenhang zwischen menschlichen Körper- und Brandgräbern sowie Pferdegräbern ist wohl von archäologischer Seite nie näher untersucht worden, er ist aber aus den Glaubensvorstellungen der irano-arischen Sarmaten leicht zu erklären (s. oben S. 14.).

Der besondere Ritus der Pferdeopfer lässt sich daran erkennen, dass fast immer Hengste, gelegentlich auch Wallache, geopfert wurden, indem den Tieren, die bereits in der Grabgrube standen, mit einem Schwert der Kopf abgetrennt und der Kopf in einer besonderen Nische abgelegt wurde [2]. Hengste galten als die edleren Tiere, doch Stuten sorgten für neue Geburten von Fohlen und somit für den Wertzuwachs der lebensnotwendigen Pferdeherden bei den Sarmaten. Sie durften normalerweise nicht geopfert werden.

Der erst im Frühmittelalter – genauer in der zweiten Hälfte des 5. Jahrhunderts n. Chr. – aufgekommene Brauch von Pferdebestattungen in Mitteleuropa ist von der archäologischen Wissenschaft bisher immer für eine germanische Sitte gehalten worden, oder für einen Brauch, den Germanen infolge von *„Fernbeziehungen, eventuell zu Reiternomaden aus dem Südosten"* übernommen hatten [3].

Historische Fakten belegen jedoch, dass die hier beobachteten Pferdegräber n i c h t von den „klassischen" Reiternomaden des Frühmittelalters stammen können.

---

[2] Diese Zusammenfassung von zahlreichen Untersuchungen ist der Dissertation von Verena Freiin von Babo, Pferdebestattungen auf dem frühmittelalterlichen Gräberfeld Drantumer Mühle, Gem. Emstek, Kreis Cloppenburg, Diss. Hannover 2007, zu verdanken, die auch die meisten anderen Pferdebestattungen in Mitteleuropa einer statistischen Auswertung unterzogen hat.
[3] Heiko Steuer, Pferdegräber, in Bd. 23 des Reallexikons d. german. Altertumskunde, Berlin-New York 2002, Sp: 50 - 96

H u n n e n legten nur Pferdehäute und –köpfe ins Grab ihrer gefallenen und bestatteten Krieger [4]. Außerdem waren sie ab der Mitte des 5. Jahrhunderts bereits aus Europa wieder verschwunden, b e v o r dort die Pferdegrabsitte auftrat.

- A w a r e n, ein anderes Reiterkriegervolk aus Innerasien, vermutlich turk-mongolischer Abstammung, fielen erst ab 560 in O s t europa ein; zu dieser Zeit war die Pferdegrabsitte in M i t t e l europa bereits voll ausgebildet.

- G e r m a n i s c h e Ostgoten, Gepiden und Langobarden haben offenbar den besonderen Brauch der Pferdegräber in der beschriebenen Form ausgeübt (vermutlich auf sarmatische Anregung hin), aber in ihrer H e i m a t während der Völkerwanderungszeit, nämlich in Pannonien, Mähren, Niederösterreich, später in Italien. Nach Mitteleuropa kamen diese Völker nicht, jedenfalls nicht in größerer Zahl.

Die in Mitteleuropa beobachtete Beisetzungsart ist jedoch typisch für das Reiterhirtenvolk der S a r m a t e n , wie archäologische Forschungen für hunderte derartiger Gräber aus der Frühzeit des Volkes in der Ukraine und Südrussland zeigen [5].

Die bisher veröffentlichten Karten von Pferdegräbern in archäologischen Fachaufsätzen [6] täuschen durch ihre starke Verklei -

---

[4] Peter Tomka, Über die Bestattungssitten der Hunnen, im Katalog „Attila und die Hunnen" zur entsprechenden Ausstellung Speyer 2007, S. 256

[5] U.a. Jaroslaw Lebedynsky, Les Sarmates, Amazones et lanciers cuirassés entre Oural et Danube VIIe siècle av. J.C. ˙˙ – VI ^{e} siècles apr. J.C. : edition Errance , Saint –Germain-de-Puys (Frankreich), 2002, ISBN 2-87772-235-X

[6] So z. B. die von Vera Brieske, Karte Verbreitung frühmittelalterliche Pferdegräber 5. – 8. Jh. nach Müller-Wille (1972) und Gebers (2005). In „Die Herrschaften von Asseln – ein frühmittelalterliches Gräberfeld am Dortmunder Hellweg" (Ausstellungskatalog München-Berlin 2007, S. 102)

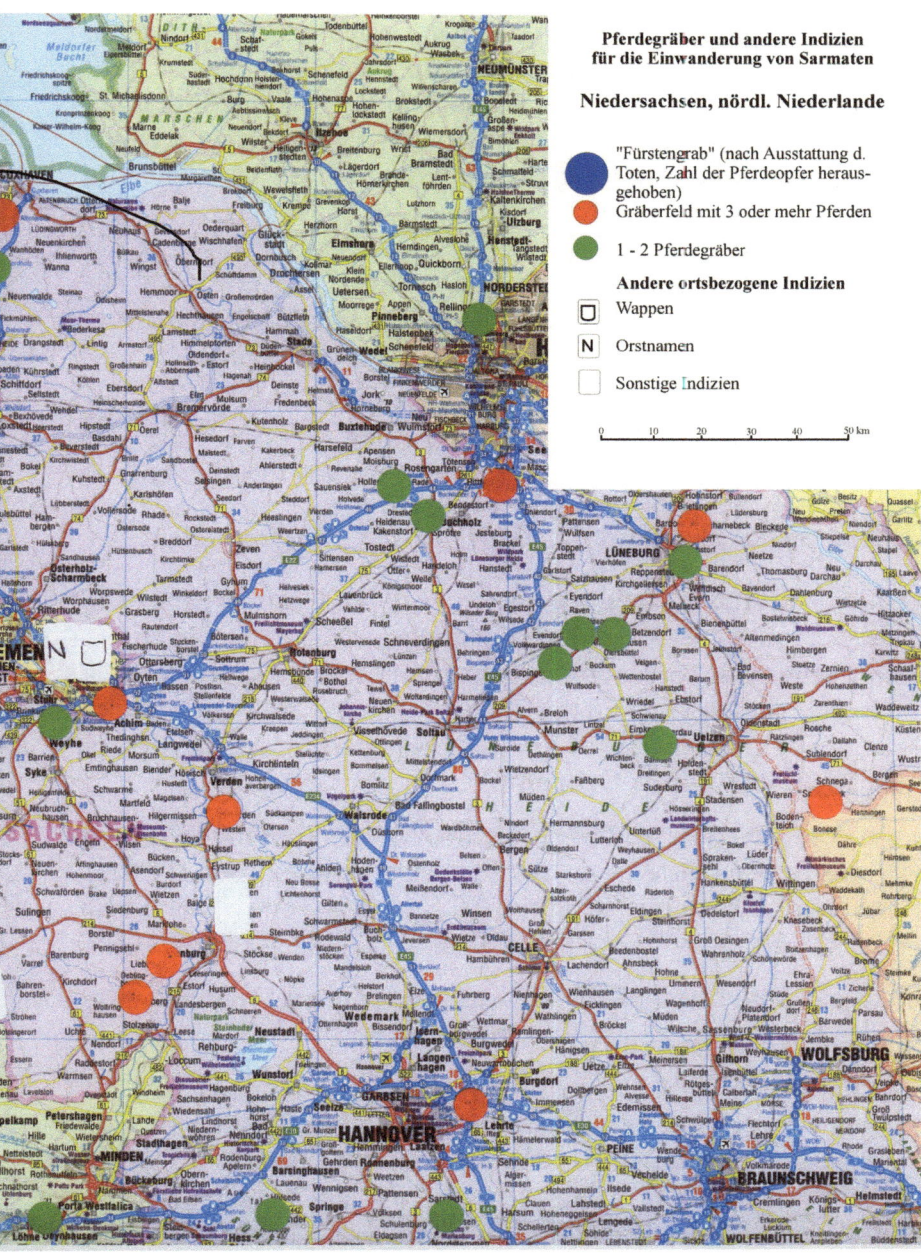

**Pferdegräber und andere Indizien
für die Einwanderung von Sarmaten**

Niedersachsen, nördl. Niederlande

"Fürstengrab" (nach Ausstattung d.
Toten, Zahl der Pferdeopfer heraus-
gehoben)

Gräberfeld mit 3 oder mehr Pferden

1 - 2 Pferdegräber

Andere ortsbezogene Indizien

Wappen

Ortsnamen

Sonstige Indizien

0   10   20   30   40   50 km

nerung eine große Häufigkeit solcher Gräber vor. Selbst wenn man annimmt, dass es vielleicht in ganz Deutschland einst 1000 Pferdegräber gegeben hat, von denen man bis jetzt nur ein Drittel gefunden hat, sind es doch sehr wenige im Verhältnis zu den vielen tausenden von menschlichen Körpergräbern der Germanen im Frühmittelalter, die bereits geborgen wurden. Sie verteilen sich noch dazu über zwei Jahrhunderte. Auf der Karte (S. 32/33) überdeckt jedes Zeichen für ein Grab gut 20 Quadratk i l o meter, während es doch in Wirklichkeit nur zwei oder drei Quadrat m e t e r sind!

Sehr auffällig ist jedoch die unterschiedliche r e g i o n a l e Verteilung. Auf der hier abgebildeten Karte von Niedersachsen fällt das nicht so auf wie auf einer Karte von ganz Deutschland.

Pferdegräber „sarmatischer" Art finden sich im Wesentlichen:

- in einem großen Halbkreis östlich um den Harz herum (siehe dazu Band **4** dieser Reihe: **Thüringen)**,
- im Raum zwischen Hamburg und den nordöstlichen Niederlanden, östlich der unteren Elbe, aber nicht im damals wohl friesischen Gebiet nahe der Küste (Näheres dazu in diesem **Band 3: Widukinds Geheimnis**);
- im nordöstlichen Westfalen, westlich des Eggegebirges, bis ins südöstliche Münsterland. Hierzu mehr in Band **2: Die Westfalen und ihr weißes Ross".** Die bergigen Teile (Sauerland) sind ausgespart.

- am Niederrhein von Köln bis westlich Arnheim (Niederlande); auch hierzu wird in Band 2 einiges erklärt.

- in einem Umkreis von ca. 60 Kilometern rund um Mainz, auf allen Ufern von Rhein, Main und Nahe. Hierzu ist im Band **1** der Reihe **„Sarmaten, Unbekannte Väter Europas"**, S. 79 f. Näheres ausgeführt.

- südlich und nördlich der oberen Donau, nicht im Schwarz-
wald und weiter westlich, aber im Allgäu und auf der Schwäbischen Alb. Ausführliches zu dieser Region im Band **5: Die
Schwaben.**

Vorkommen von Pferdegräbern in Nordfrankreich – auch dort
gibt es erstaunlich viele davon, vor allem im Grab des Königs
Childerich (siehe dazu den Band **Die Ahnen der Merowinger
und ihr ,fränkischer' König Chlodwig**) - wurden hier nicht
berücksichtigt, weil sie von der deutschen archäologischen Forschung nie in ihre Auswertung derartiger Gräber in Listen und
Karten einbezogen wurden. Ein deutscher Archäologe stellte
zwar die Identität besonderer Pferdegräber von Childerichs Grab
in Tournai mit mehreren Fällen in Niedersachsen und Thüringen
fest, zog aber keine Schlussfolgerungen daraus. Für ihn waren es
alles „germanische Gräber" [7].

Die in diesem Band abgedruckte Karte beruht auf einer erneu-
ten Durchmusterung der Fundlisten und -karten deutscher Archäologen durch den Autor. Nur eine A u s w a h l von Pferdegräbern wurde hier einbezogen, da die alten Listen zumeist vor
Jahrzehnten, vielfach schon im 19. Jahrhundert erstellte Gra-
bungsberichte benutzten, die noch keinen Unterschied zwischen
den Grabsitten oder der Zeitstellung machten. Daher mussten für
die in diesem Band (und in den anderen Bänden der Reihe) veröffentlichten Karten relativ wenige, aber aussagekräftige Fundorte
ausgewählt werden.

Andererseits konnten bei den neu erstellten Karten auch andere
Indizien einbezogen werden, die auf sarmatische Spuren an einer
bestimmten Örtlichkeit hindeuteten. Die Bedeutung der verschie-

---

[7]   Wilhelm Gebers, Auf dem Wege nach Walhall – Die Pferde der
Altsachsen, S. 35 f. (Katalog zur Ausstellung Lohne 2004) .

denen Farben der Markierungspunkte sind auf der abgedruckten Karte selbst erläutert. Zu den weißen Markierungen (Wappen, Ortsnamen und sonstige Indizien) sind an passenden Stellen dieses Bandes Erklärungen zu lesen.

Gerade die neuen, vom Autor erstellten Karten Deutschlands zeigen, dass viele im Frühmittelalter von G e r m a n e n bewohnte Gegenden Mitteleuropas k e i n e Pferdegräber aufweisen, andere Regionen dafür umso mehr. Es kann sich dabei also nicht, wie oft von deutschen Archäologen behauptet, um eine von Germanen a l l g e m e i n geübte oder aus der Fremde angenommene Sitte gehandelt haben.

Das Erstaunlichste an diesen Feststellungen ist, dass offenbar die frühesten dieser Pferdegräber erst in der zweiten Hälfte des 5. nachchristlichen Jahrhunderts angelegt wurden, im heutigen Niedersachsen sogar erst ab der Mitte des 7. Jahrhunderts. Moderne Tests an Pferdeskeletten nach der C 14-Methode, die erst jüngst durchgeführt wurden, unter Anderem von der Veterinärmedizinerin Freiin von Babo, haben das einwandfrei nachgewiesen.

4. Die „alten" Sachsen beiderseits der Nordsee

Noch einmal muss an dieser Stelle nachdrücklich betont werden, dass erst mit der Einwanderung sarmatischer Hirten mit ihren Pferde- und Rinderherden nach Nordwestdeutschland das „neue" Volk der Sachsen entstand, und zwar erst ab dem 7. Jahrhundert nach der Zeitwende. Das ist das Thema d i e s e s Buches.

Doch selbstverständlich lebten auch zuvor schon Menschen dort. Bevor jedoch die Frage beantwortet werden kann, was das für Menschen waren, sollte man sich klar machen, wie viele – oder viel richtiger: wie w e n i g e – es waren.

Wenn man Bücher über die Geschichte Deutschlands vor tausend oder zweitausend Jahren liest, muss man sich bewusst sein, dass es damals nur sehr wenige Menschen auf dem Gebiet unserer heutigen Heimat gab. Man hat berechnet, dass etwa um Christi Geburt vielleicht nur 1 – 3 Menschen auf dem Quadratkilometer hier lebten (im Durchschnitt). Heute sind es über 250 !

In Zahlen umgerechnet, die sich mit den heute vorhandenen Einwohnern vergleichen lassen, waren das vielleicht 400 000 - 600 000 Menschen im g a n z e n großen Gebiet der heutigen Bundesrepublik Deutschland; und das waren keineswegs nur „Germanen" !

Im Gebiet des heutigen N i e d e r s a c h s e n dürften im 5. Jahrhundert n. Chr. nicht mehr als 40 000 Menschen gelebt haben, verteilt über knapp 50 000 Quadratkilometer, noch weniger als im übrigen Mitteleuropa, aus Gründen, die gleich beschrieben werden. Und von denen waren ganz bestimmt nicht alle „Sachsen".

Denn die Natur hatte unser Land damals sehr unterschiedlich bedacht. Neben relativ fruchtbaren Gebieten im heutigen Mittel- und Süddeutschland gab es gerade im Norden riesige Wälder, Sümpfe und Seen. Wenn die Römer, wie z. B. Tacitus, Germanien vorwiegend mit diesen Begriffen in Verbindung brachten, war das nicht erfunden. Es galt allerdings nicht für das ganze Gebiet, das auf Karten in einem modernen Geschichtsatlas als „Germanien" zur Zeit Christi Geburt (oder der Zeit des römischen Kaisers Augustus) gekennzeichnet ist.

Für das heutige Niedersachsen traf es jedoch zu. Als Spätfolge der Eiszeit waren dort unzählige Seen und Sümpfe zurückgeblieben. Noch gut fünfzehntausend Jahre vorher hatte dort ein dicker Eispanzer das Land überdeckt, und das schmelzende Eis hatte Unmengen von Steingeröll („Findlinge"), Erdablagerungen (Moränen = langgestreckte Hügel) und eben Wasser in Form zahlreicher Flüsse, Seen und Sümpfen zurückgelassen. Dazwischen standen große unberührte Wälder. Erst ab dem hohen Mittelalter war es möglich, weite Teile davon trocken zu legen oder zu roden und zu Ackerflächen zu machen.

Dennoch lebten natürlich Menschen dort, sie hatten sich auf den kleinen „Siedlungsinseln" dazwischen niedergelassen. Da hausten dann vielleicht 100 oder 150 Menschen auf einem Quadratkilometer, aber eben auf hunderten von weiteren Quadratkilometern rings umher kein einziger !

Seit wann es „Sachsen" im heutigen Nordwestdeutschland gab, ist nicht ganz klar. Die Römer zur Zeit des Augustus kannten noch kein Volk dieses Namens, aber im spätrömischen Reich waren „Saxones" als Seeräuber an den Ufern der Nordsee bekannt und berüchtigt. Irgendwann werden sich die Menschen, die jenseits des Küstensaums lebten, selbst „Sachsen" genannt haben, vermutlich nach dem schwertartigen Messer, das bei ihnen als Angriffswaffe benutzt wurde und später göttliche Ehren bekam, als „Sachsnoth".

Diese Menschen werden mit großer Wahrscheinlichkeit eine Sprache benutzt haben, die sich aus dem germanischen Zweig der großen indoeuropäischen Sprachfamilie entwickelt hatte. Noch waren die Unterschiede zu den Verwandten im Norden, in Dänemark, Süd-Norwegen und Süd-Schweden, nicht besonders groß, weder in ethnischer noch in sprachlicher oder kultureller Hinsicht. Allerdings waren die Sachsen wahrscheinlich gar nicht „einheimisch", sondern von Norden (dem heutigen Dänemark ?)

her eingewandert. Die kleinen Menschengruppen, die sie im heutigen Niedersachsen antrafen, haben sie sich vermutlich mit mehr oder weniger Gewalt zu Knechten gemacht. Hierauf muss im übernächsten Kapitel noch genauer eingegangen werden.

Dicht diesen Sachsen benachbart, aber meist noch näher an der Küste, lebten die ebenfalls germanischen F r i e s e n . Sie hatten sich schon früh zu einem Stamm eigener Prägung entwickelt; manche dieser Unterschiede – nicht nur in sprachlicher Hinsicht – sind bei den Nachfahren der Friesen noch heute festzustellen, wenn man genau hinsieht. Sie hatten auch eine eigene Geschichte, die hier in diesem Buch aber nicht näher behandelt werden kann.

Die Menschen an der Nordseeküste hatten gerade in den ersten Jahrhunderten nach der Zeitenwende unter einem geologischen Phänomen zu leiden, das den Meeresspiegel dort langsam, aber ständig ansteigen ließ. Warum, das muss hier nicht näher erklärt werden; etwas später kehrte sich diese Entwicklung auch wieder um. Das hatte zur Folge, dass viele Ansiedlungen direkt an der Küste allmählich im Wasser versanken und aufgegeben werden mussten. Als Folge dieser „Meerestransgression" wanderten viele Sachsen und auch Friesen aus – entweder als erfahrene Seefahrer mit Schiffen über die Nordsee oder aber weiter ins Landesinnere.

Erschwerend kam hinzu, dass infolge einer der vielen Klimaschwankungen auf unserer Erde, die es seit Millionen von Jahren gibt, gerade in dieser Zeit das Wetter in der Mitte und im Norden Deutschlands nässer und kühler wurde. Das machte vielen Bauern schwer zu schaffen.

So kam es, dass damals viele Sachsen mit ihren Ruderbooten zu der großen Insel Britannien fuhren, in der Hoffnung, dort bessere Lebensumstände vorzufinden. Auch ihre Nachbarn im Norden, die Angeln aus der später Holstein genannten Region sowie Jüten aus dem heutigen Jütland und Friesen aus den Niederlanden traten den Weg über die Nordsee an. Die Insel Britannien hat an der Nordsee meist eine etwas höhere Küstenlinie als das flache Norddeutschland und war daher vom Anstieg des durchschnittlichen Wasserspiegels der Nordsee nicht so dramatisch betroffen.

Drüben in diesem Land, zu der Zeit noch eine Provinz des römischen Reiches, wurden im 4. und 5. Jahrhundert die „Angeln und Sachsen" bald zu Herren von Gebieten im heutigen Süd- und Ost-England. Und es gelang ihnen, ihre germanische Sprache den dortigen Einwohnern einzuprägen, obwohl sie zahlenmäßig stets nur eine kleine Minderheit der dortigen Einwohner blieben. Es entstanden dort kleine Königreiche, die sich selbst „Ostsachsen" (Essex), „Westsachsen" (Wessex) und „Südsachsen" (Sussex) nannten. Nördlich davon gab es Kleinkönigreiche mit den Namen Nord- und Süd-Anglia. Doch das alles ist Teil der Geschichte unseres Nachbarlandes Großbritannien und nicht mehr Deutschlands.

Was sicher nicht stimmt, ist der Geschichtsbericht des Bischofs Beda, einem der so früh zu Christen gewordenen Angelsachsen in Britannien. Um das Jahr 730 schrieb er in Latein ein berühmt gewordenes Buch über die Geschichte seines Landes und behauptete darin, die Sachsen seien „im Jahr 450 nach der Geburt des Herrn" mit „drei Schiffen" nach Britannien gekommen, und zwar unter Anführung zweier Häuptlinge namens Hengist und Horsa.

Weder waren es nur drei Schiffe – diese Behauptung war in der Antike eine gängige Umschreibung für eine viele Jahre oder sogar Jahrhunderte dauernde Auswanderung von Menschen über See –, noch fand diese Fahrt nur im Jahr 450 n. Chr. statt.

Und die sagenhaften Namen Hengist und Horsa konnte der britische Bischof Beda nur durch Erzählungen aufgeschnappt haben, die ihn aus dem Herkunftsland der Auswanderer, also dem heutigen Niedersachsen, erreicht hatten. Denn zu seiner Lebenszeit gab es da inzwischen tatsächlich Adlige, die man sich ohne Pferde nicht vorstellen konnte. Daraus machte Beda zwei Sagengestalten mit Pferdenamen, denn „Horsa" ist vom englischen Wort „Horse" = Pferd abgeleitet, und „Hengist" ist ein männliches Pferd, ein Hengst.

Doch im 5. Jahrhundert, 200 Jahre früher, hatten die Sachsen, die zu Schiff nach Britannien fuhren, überhaupt noch keine Pferde, zumindest nahmen sie keine dorthin mit.

Doch es wanderten nicht alle Sachsen nach Britannien ab, sondern, wie erwähnt, etliche auch weiter ins Landesinnere. Allerdings die energischsten, wagenmutigsten und geschicktesten von ihnen hatten den Weg über die Nordsee angetreten. Es lässt sich denken, dass im alten Sachsenland lange Zeit Not und Armut herrschten, und dass die Bevölkerungszahl stark geschrumpft war. Es muss lange gedauert haben, bis die Sachsen im „Alten Land" (so heißt heute noch eine Region südwestlich von Hamburg) wieder eine beachtliche Volksstärke erreicht hatten und diese Menschen auch wieder in etwa die Kulturhöhe aufwiesen wie vor dem Beginn der Auswanderungen.

In eine Landschaft mit einer so schwachen Bevölkerung – schwach an der Zahl und schwach in ihrer inneren Verfassung – kamen die sarmatischen Familienverbände, als sie ab dem frühen 7. Jahrhundert von Westfalen aus ihre Trecks nach Nordwestdeutschland antraten.

5.   Römer, Franken und Sachsen

Bevor jedoch auf diese Einwanderung von Sarmaten näher eingegangen werden kann, muss noch ein genauerer Blick auf diese „alten Sachsen" geworfen werden, denn die ethnischen Verhältnisse bei ihnen waren keineswegs so einfach, wie es sich einst die Römer (und ihre schriftlichen Nachfolger, nämlich die in lateinischer Sprache schreibenden Historiker des frühen Mittelalters) machten. Die europäische Geschichtswissenschaft ist dieser simplifizierten Sicht bis auf wenige Ausnahmen bis heute gefolgt.

Aus römischer Zeit haben wir zwar manche schriftlichen Zeugnisse über die Germanen überliefert, z. B. das berühmte Buch des Tacitus „Germania". Doch dieser Schriftsteller war selbst nie in dem „Land der schauerlichen Wälder und Sümpfe", und ein objektiv forschender Wissenschaftler, wie wir ihn heute erwarten, war er auch nicht.

Den Römern fehlte wohl überhaupt das Interesse an genauen Informationen über ihre Nachbarn; für sie waren sie ja alle nur „Barbaren". Verschiedene Volkszugehörigkeiten oder Abweichungen der Sprachen nahmen sie selten wahr. So machten es sich die römischen Geschichtsschreiber – und vermutlich auch die zeitgenössischen militärischen Berichte an den Kaiserhof – leicht, indem sie alle Krieger „ F r a n k e n " (lateinisch: Franci) nannten, die ab etwa dem Jahr 260 n. Chr. mit Gewalt die N i e d e r rheingrenze im Norden überschritten, um im Römischen Reich zu plündern. Das kam seitdem recht häufig vor. Die einzige Unterscheidung in den römischen Berichten war, dass die fremden Stämme, die über den Mittel- und den O b e r rhein in ähnlicher Absicht kamen, als A l e m a n n e n bezeichnet wurden.

Im römischen Schrifttum schwingt, wenn man es genau betrachtet, eine Art schauriger Furcht vor diesen „Franken" und

„Alemannen" mit, und zugleich eine tiefe Verachtung für diese „Barbaren". Später traten große Kontingente aus diesen Völkern als Söldner in römische Dienste, man benutzte sie als willkommene Verstärkung des eigenen Heeres, aber eine heimliche Verachtung dieser Leute und auch Furcht vor ihnen blieb spürbar. Waren die „Franken" für die Römer so etwas wie die „Saupreußen" für heimatbewusste Bayern vor 100 Jahren?

Mehr als 200 Jahre lang haben sich diese „Völkernamen" in den römischen Geschichtswerken gehalten. Sie waren derart üblich, dass die moderne europäische Geschichtswissenschaft daraus ein „Volk" oder wenigstens ein „Völkerbündnis" der „Franken" konstruiert hat (und entsprechend ein Volk oder Völkerbündnis der „Alemannen"). Diese Völker mussten natürlich Germanen gewesen sein. Doch das war keineswegs sicher, wenn man neuere Forschungen von Archäologen und auch Sprachforschern berücksichtigt.

Um das Jahr 486 n. Chr. geschah es, dass ein Fürst im nördlichsten Gallien, dessen Vorfahren einst als „fränkische Söldner" über den Rhein gekommen waren, sich selbst den Titel „König der Franken" zulegte und sich kurze Zeit später als Christ taufen ließ. Das war Chlodwig aus dem Haus der Merowinger.

Doch der war kein Germane, sondern s a r m a t i s c h e r Abstammung. Da er außerdem von sich behauptete, durch Heirat eines Urgroßvaters mit einer vornehmen Jüdin ein leiblicher Nachkomme des Messias Jesus zu sein, gingen seiner Taufe langwierige Verhandlungen voraus, denn die christliche (katholische) Kirche konnte unmöglich zugeben, dass ihr Religionsgründer Kinder gehabt haben konnte. Umgekehrt wollte Chlodwig nicht mehr als Sarmate, sondern nur noch als „König der Franken" bezeichnet werden. Erst ein Kompromiss beider Seiten erlaubte dann doch die historisch so überaus folgenreiche Taufe: weder der Name „Sarmaten" noch das „Blut Jesu" in den Adern der Merowinger durften künftig je erwähnt werden. Dieses folgenreiche Geheimnis wurde fast bis heute bewahrt.

Diese erstaunlichen Fakten sind in Band 6 dieser Reihe: **Die Ahnen der Merowinger und ihr „Franken"-König Chlodwig** genauer beschrieben und auch mit wissenschaftlichen Belegen nachgewiesen.

Für die wenigen Geschichtsschreiber der nächsten Jahrhunderte, darunter vor allem den berühmten Gregor von Tours, war es nun nicht mehr möglich, für die immer noch verachteten „Barbaren jenseits des Rheins" das Schimpfwort „Franken" zu benutzen. Schließlich hatten nunmehr die gut „christkatholischen Könige" diesen Völkernamen in ihrem Titel. Aber es gab einen Ausweg. Seit langem kannten römische Geschichtsschreiber den Völkernamen „Sachsen" (lateinisch: Saxones) für ein anderes Räubervolk aus dem unheimlichen Land der Wälder und Sümpfe. „Sachsen" blieb nunmehr der Name für alle Menschen in diesem Land jenseits des Rheins, und zwar für Jahrhunderte, auch für alle Geschichtsschreiber, die zwar nun keine Römer mehr waren, aber ihre „schriftliche" Bildung von diesen empfangen hatten.

So galten für die wenigen Historiker, die uns etwas über Vorgänge vom 5. bis 8. Jahrhundert im Gebiet des heutigen Deutschland überliefert haben, a l l e Menschen östlich des Rheins als „ S a c h s e n ", selbst wenn sie gegenüber von Köln lebten, im späteren „Bergischen Land". Der gleichen Auffassung scheinen auch die fränkischen Könige gewesen zu sein, ob sie nun der Merowinger-Dynastie oder ihren Nachfolgern, den Karolingern, angehörten.

Etliche Häuptlinge oder Kleinkönige dieser Leute „jenseits des Rheins" scheinen in den folgenden Jahrhunderten den Königen der Franken im fernen Gallien Gefolgschaftseide geschworen zu haben. Aus der unterschiedlichen Auffassung über die Wirkungsdauer dieser Eide ergaben sich immer wieder folgenreiche

Zwistigkeiten. Die „Barbaren" (gleich ob Germanen oder andere) leisteten einen solche Eid einer P e r s o n ; z. B. dem jeweiligen fränkischen König. War dieser tot, dann galten sie nicht mehr und konnten höchstens nach neuen Verhandlungen gegenüber dem Nachfolger erneuert werden.

Das war schon unter der Herrschaft der römischen Kaiser so gewesen, doch die Römer als „Kulturvolk" sahen das ganz anders. Für sie war das „Imperium Romanum" e w i g , und die einem Kaiser geleisteten Gefolgschaftseide galten selbstverständlich auch für dessen legitimen Nachfolger. Die fränkischen Könige als Rechtsnachfolger der Römer empfanden das genau so.

Aus diesen grundlegenden – und offenbar seinerzeit nie aufgeklärten – Auffassungsunterschieden entstanden während der ganzen Dauer des Römischen Reiches und zum Teil auch noch des Fränkischen Reiches immer wieder Kriege: Beim Tod eines Herrschers empfanden die „Barbaren" ihre Gefolgschaftseide als erloschen. Für die Nachfolger auf dem Thron (bei den Römern, bei den Franken) galt das als „Aufstand" und wurde mit entsprechenden Strafexpeditionen geahndet. Man kann das an den von den Historikern berichteten „Aufständen" von „Sachsen" oder „Alemannen" nachrechnen: sie traten stets dann auf, wenn einer der fränkischen Könige gestorben war.

Bis zum Thronwechsel zwischen dem Frankenkönig Pippin und seinem Sohn Karl (dem Großen) hielt dieses Dauer-Missverständnis an, ein Zeichen, wie wenig auch die maßgeblichen Personen auf beiden Seiten tatsächlich von einander wussten. Und genau so lange – oder vielmehr in Wahrheit noch viel länger - wurden von den Schreibkundigen im Frankenreich ihre Gegner (oder zeitweise Partner) jenseits des Rheins alle pauschal als „Sachsen" oder „Alemannen" bezeichnet. Die Geschichtsforscher der Neuzeit sind darauf hereingefallen.

Erst in allerjüngster Zeit hat eine deutsche Archäologin - keine Historikerin ! – es gewagt, diese aus dem Altertum überkommene Bezeichnung in Zweifel zu ziehen [8]. Sie schrieb: *„Wie die im westfälischen Raum lebenden Menschen des 6. und 7. Jahrhunderts genannt wurden, bzw. ob sie sich selbst als Sachsen bezeichneten, ist mehr als unklar. ... Die Benennung dieser Leute als Sachsen beruht auf der schriftlichen Überlieferung des 8. Jahrhunderts.“* In die gleiche Kerbe haut ihre Kollegin Kristina Nowak, die im gleichen Katalog erklärt, von den fränkischen Annalisten des 8. Jahrhunderts sei *„aus Zweckmäßigkeitsgründen ein a n d e r e s Volk als Sachsen bezeichnet worden.“* [9]

Als vorsichtige Wissenschaftlerinnen geben beide Archäologinnen keine klare Antwort, w e l c h e s Volk denn nun gemeint sei. Einen Versuch dieser Antwort nach dem möglichst neuesten Stand des Wissens der Archäologie und der Sprachenkunde – nicht unbedingt der Geschichtswissenschaft, denn die braucht schriftliche Belege, die es hier nicht geben kann - findet man in d i e s e m Buch.

---

[8] Vera Brieske, Pferdegräber als Zeichen für Sachsen in Westefalen ? In: H. Brink-Kloke, H. Deutmann (Hrsg.), Die Herrschaften von Asseln – ein frühmittelalterliches Gräberfeld am Dortmunder Hellweg (Ausstellungskatalog, Berlin- München 2007), S. 107.

[9] Kristina Nowak, Geschichte wird von Siegern geschrieben – Quellen des 6. – 9. Jahrhunderts und der archäologische Kontext in Westfalen. A.a.O. S. 107

6. Die „alten Sachsen" und ihre „Leute"

Verständlicherweise gehört in Deutschland der Vergangenheit der G e r m a n e n ein besonders großes Interesse, zählt doch unsere S p r a c h e zur Gruppe des Germanischen innerhalb der so großen Sprachfamilie des Indoeuropäischen. Und noch bevor man von dieser S p r a c h verwandtschaft wusste, waren alle Historiker vom Mittelalter bis zur 21. Jahrhundert davon überzeugt, dass „die Deutschen" einst Germanen gewesen waren, hatten das doch „die Alten" so berichtet. „Die Alten", das waren die Berichte der griechischen und römischen Geschichtsschreiber, denen man einst kritiklos glaubte.

Die Wissenschaft der Archäologie ist sich inzwischen ziemlich sicher, dass sich die Entwicklung der Menschen im südlichen Skandinavien (Dänemark, Norwegen, Schweden) und an der Südküste der Nord- und Ostsee (also Norddeutschland) in den Jahrtausenden nach dem Verschwinden der Eisgletscher dort in einer ruhigen Bewegung befand, relativ ungestört von größeren Menschenbewegungen von außerhalb.

Die Menschen dort waren „Europide", d. h. Weiße von europäischem Aussehen, viele davon vom sogenannten „nordischen Typ" mit blonden Haaren, blauen Augen und schmalen, scharf geschnittenem Gesicht. Solche äußeren Unterschiede existieren nun einmal zwischen verschiedenen Menschengruppen, nur sind das nicht, wie einst die Nationalsozialisten in Deutschland behaupteten, „Rassen", die man nach Belieben „züchten" kann.

Im Norden der skandinavischen Halbinsel leben übrigens heute noch die Nachkommen der ältesten Einwanderer nach Europa aus der Art des „Homo sapiens". Es sind die Saamen oder Lappen, die einst von Nordspanien und Südfrankreich am Ende der Eiszeit dem schmelzenden Eisrand folgten, um ihre Jagdtiere, die Mammuts und Rentiere, nicht aufgeben zu müssen. Auch sie sind vom Menschentyp eindeutig „Europide", wenn auch ihre heutige Sprache aus Asien zu ihnen gekommen ist.

Die verschiedenen archäologischen „Kulturen", die die Archäologen im Laufe der Jungsteinzeit, Bronzezeit und Eisenzeit rund um die Ostsee auffinden konnten, nahmen jeweils mit ein paar Jahrhunderten Verspätung die kulturellen Fortschritte des südlichen und mittleren Europa auf. Durch die Nähe ihrer Wohnsitze zum Meer wurden viele der Menschen zu erfahrenen Fischern und Jägern von Meeressäugern (Robben, Delfine) und damit schon früh zu erfahrenen Seefahrern. Die gab es dort also schon Jahrtausende vor den Wikingern!

Bis in einige Entfernung zu den deutschen Meeresküsten gelangte im 6. Jahrtausend vor Christi Geburt eine wichtige Einwanderungswelle von Menschen, der sogenannten Bandkeramiker. Das waren Leute, deren Vorfahren einst in Kleinasien und im Kaukasus-Gebiet gelebt hatten und die dort die Kunst gelernt hatten, die Erde zu bearbeiten und Kleinvieh zu züchten. In einer langsamen, aber stetigen Ausdehnung nach Nordwesten brachten sie diese neuen Errungenschaften erst auf die Balkanhalbinsel, dann nach Mitteleuropa. Bis zu den Wohnsitzen der „Nordleute" rund um die Ostsee kamen sie allerdings nicht.

Ihnen folgte etwas später eine weitere Welle von Menschen ebenfalls aus Südosten mit etwas fortschrittlicheren Methoden der Landwirtschaft; sie drangen auch noch weiter nach Norden vor. Die Wissenschaft der Archäologie nennt diese Menschen „Trichterbecher-Kultur" nach ihren typischen Tontöpfen. Es scheint so. dass die offenbar sehr energischen und herrschaftsbewussten Menschen der „nordischen Kultur" es fertigbrachten, die Leute von der „Trichterbecher-Kultur" zu einer ihnen dienenden

Klasse zu machen. Daraus wurde später die Klasse der „Liten". Zu ihnen gleich noch mehr.

Im 3. Jahrtausend v o r der Zeitwende kamen kleine Gruppen von Menschen mit einer indoeuropäischen Sprache zu ihnen und es gelang ihnen, den „Altbewohnern" mehr oder weniger ihre Sprache aufzuerlegen. Aus der Mischung der Sprachen entstand das „Germanische" [10]. Allerdings, an eine klar „germanische Sprache" glauben Linguisten nicht vor dem 5. Jahr h u n d e r t vor Christus.

Zu dieser Zeit war das Gebiet des heutigen Deutschland, wohl auch Österreichs, im Süden und Westen hauptsächlich von Kelten bewohnt. Nur ganz im Norden, eben nahe der Meeresküste, hatten germanisch sprechende Menschen ihre Wohnsitze. Sie begannen sich langsam nach Süden auszudehnen.

Doch zwischen diesen Germanen und Kelten muss es noch eine dritte Menschengruppe gegeben haben, die zwar eine Sprache aus dem Kreis des Indoeuropäischen benutzte, die aber eben weder germanisch noch keltisch war. Ihre Wohnsitze bedeckten einen großen Teil des heutigen Niedersachsen mit Ausläufern bis in die Niederlande und Westfalen. Nur die Küstengegend war ausgenommen. Man hat sie „Nordwestblock" genannt. Diese von anerkannten Universitätsforschern aufgestellte These wird allerdings von den meisten Professoren nicht ernst genommen und gelangt so nicht in die Lehrbücher.

Es ist jedoch sehr fraglich, ob die Stämme im heutigen Westfalen, die von Julius Caesar und Augustus als Germanen empfun-

---

[10] Genaueres hierzu im Buch Reinhard Schmoeckel, Die Indoeuropäer – Aufbruch aus der Vorgeschichte , Beltheim-Schnellheim 2012 (Neuauflage eines ursprünglich 1982 und seitdem in mehreren Auflagen erschienenen Buches „Die Hirten, die die Welt veränderten"):

den wurden und die mit diesen römischen Eroberern kämpften, die Sigambrer, Cherusker, Marser und andere, wirklich Germanen waren (oder deren Sprache benutzten) oder eben zu dieser „Nordwestgruppe" gehörten und noch keineswegs germanisch sprachen! [11]

Wo genau nun die „ S a c h s e n" als Teil der „sprachlichen Germanen" in den Jahrhunderten vor und unmittelbar nach der Zeitenwende gelebt haben, ist immer noch umstritten. Wahrscheinlich war es irgendwo im heutigen Skandinavien, etwa in Jütland. Wie im Kapitel 4 beschrieben, lebten sie spätestens ab dem 4. Jahrhundert n a c h Christus aber bereits in Nordwestdeutschland, wenn auch nicht unmittelbar an der Küste. Sie müssen also in der Zwischenzeit „gewandert" sein.

Eine tief eingewurzelte Vorstellung vieler Menschen ist es, dass „Völkerwanderungen" in frühen geschichtlichen oder gar vorgeschichtlichen Zeiten die bei solchen Wanderungen angetroffenen Einwohner entweder alle umbrachten oder aber vertrieben. Doch das war nur in seltenen Ausnahmefällen so.

Die „Kulturvölker" der Babylonier, Ägypter, Griechen und Römer kannten den Begriff der „Sklaven". Das waren „Sachen" wie Rinder und Schafe, die allerdings mit ihren Armen nützliche Arbeiten verrichten konnten und daher gefüttert werden mussten, aber im Übrigen nach Belieben gekauft und verkauft werden konnten. Meist waren solche Sklaven die Angehörigen eines im Krieg unterworfenen Volkes. Für die schon recht komplizierten Volkswirtschaften dieser „fortgeschrittenen" Völker waren sie unentbehrlich. Viele Kriege wurden nur geführt, um Sklaven und damit Arbeitskräfte zu erbeuten.

---

[11] Auch hierzu Genaueres im Buch Schmoeckel, Die Indoeuropäer, S. 478 ff.

50

In den „barbarischen" Gesellschaften, wie es die Germanen in ihren frühen Zeiten waren, kannte man solche Verhältnisse nicht. Wenn sie wanderten - etwa wenn das Wetter ihnen zweimal hintereinander die Ernte vernichtet hatte - , trafen sie auf andere Völker, denen sie entweder ausweichen oder aber die sie unterwerfen mussten. Doch schon im eigenen Interesse war eine Ausrottung eines so unterworfenen Volkes höchst unklug.

Die von einem eingewanderten „Herrenvolk" unterworfenen Bauern mussten eben nun den Herren die kleinen Überschüsse ihrer Äcker abliefern und sich auch sonst nach dem Willen ihrer neuen Herren richten. Im Laufe der Zeit nahmen sie häufig auch deren Sprache und religiöse Gepflogenheiten an, meist ohne dabei alte kulturelle Prägungen völlig zu verlieren. Zahlreiche Beispiele beweisen, dass von solchen alten „unterworfenen" Bevölkerungen manche alten Vorstellungen über ungezählte Generationen hinweg bis in die Neuzeit überliefert worden sind, über alle Änderungen von Sprachen, Kultur oder Religion hinweg.

Sie wurden nicht zu „Leibeigenen" oder „Sklaven", aber zu einer besonderen „Klasse" oder „Kaste" von Menschen, den „Liten" oder „Liudi". So scheint in der frühen germanischen Sprache der Begriff für diese Menschen gelautet zu haben. In der Form des Wortes „Leute" hat er sich bis heute erhalten.

Man darf sich das Verhältnis der „Liten" zu den „freien Bauern" vielleicht so ähnlich vorstellen wie es etwa in Westfalen auf dem Land bis ins 20. Jahrhundert war. Dort gab es neben den zahlreichen freien Bauern, die auf ihren alten großen Höfen lebten, auch noch „Kötter". Sie waren persönlich frei, hatten ein kleines Häuschen, den „Kotten", und ein klein wenig eigenes Land und ein oder zwei Kühe, mussten aber im übrigen mit ihren Familien auf einem bestimmten Bauernhof bei der Ernte und anderen Arbeiten helfen. Ähnliche soziale Gliederungen waren auch in anderen deutschen Landschaften zu finden.

Eine solche „Klasse" oder „Kaste muss es auch bei den alten Sachsen gegeben haben. Aus alten Schriftquellen ist das nicht zu entnehmen, sondern nur durch Folgerungen aus vielen Indizien zu erschließen. Gleichberechtigt mit den freien Bauern bzw. Kriegern waren die „Leute" nicht, aber sie waren eben auch keine Sklaven.

Die deutsche Geschichtswissenschaft hat diesen gesellschaftlichen Verhältnissen bei den „alten Germanen" nie Aufmerksamkeit geschenkt. Das lag einmal daran, dass die antiken Schriftsteller das Leben der Sklaven oder anderer „Proletarii" unter ihren eigenen Völkern und natürlich erst recht bei „barbarischen" Nachbarn überhaupt nicht interessierte und sie also nichts darüber schrieben. Und zweitens waren die germanen-begeisterten Geschichtsprofessoren in Deutschland im 19. und 20. Jahrhundert der Überzeugung, dass es unter den Germanen nur freie Bauern und Krieger gegeben habe. Nicht einmal die Existenz von Adel unter den Germanen wurde gerne zugegeben.

Und doch ist es kaum vorstellbar, dass es nicht auch unter den a l t e n Sachsen Bauern gegeben hat, denen es gelungen war, im Laufe von einigen Generationen ihren Besitz beträchtlich zu vermehren. Sie wurden dann gewissermaßen von Natur aus zu den Häuptlingen ihrer Nachbar-Bauern und damit zu „Adligen".

Nur darf man annehmen, dass die meisten Angehörigen dieser Klasse bei den alten Sachsen an den Auswanderungen nach Britannien teilgenommen haben, sie waren ja am ehesten unternehmungslustig und energisch. Einige von ihnen werden dann in der neuen Heimat Könige von Wessex oder Essex geworden sein. Wieder lässt sich mit logischem Nachdenken erschließen, dass die „Alten Sachsen", also diejenigen, die in Nordwestdeutschland zurückgeblieben waren, zwar Adlige kannten, dass sie aber bei ihnen sehr selten geworden waren.

7. Sarmaten wandern von Westfalen nach Norddeutschland

Sehr bald nach dem Jahr 455 nach Christus war in Westfalen eine Gruppe von Sarmaten heimisch geworden, die vor den unablässigen Kriegen der Germanen untereinander in ihrer Heimat in der pannonischen (ungarischen) Puszta in eine ruhigere Gegend für sich und ihre Herden geflüchtet waren. Im Band **2** dieser Reihe: **Die Westfalen und ihr weißes Ross** ist das im Einzelnen dargestellt und auch mit Literaturverweisen begründet, das Kapitel II/2 dieses Bandes (S. 26 ff.) hat die Vorgänge kurz zusammengefasst.

Diese sarmatischen Gruppen waren nicht als riesige „Völkerwanderung" ins Land gekommen. Vermutlich hatten sich ein paar „Dracones" zusammengetan, um den langen Treck gemeinsam auszuführen, aber als sie im Land ihrer Bestimmung angekommen waren, dürften sie sich wieder in ihre alten „Schwurgemeinschaften" aufgeteilt haben und Weideland für ihr Vieh in gehörigem Abstand vom sarmatischen Nachbarn gesucht haben.

Das Verhältnis zwischen Einwanderern und alteingesessenen Bauern dürfte sich bald normalisiert haben, nach ersten Scharmützeln, die es wohl auch gegeben hatte. Die Sarmaten waren ja nicht darauf aus, die Bauern auszuplündern, sondern mit ihnen die Überschüsse ihrer jeweiligen Erzeugnisse zu tauschen. Außerdem war das Land ja damals auch in Westfalen noch so dünn besiedelt, dass die Rinder-, Schaf- und Pferdeherden der Sarmaten genug Platz fanden, ohne Bauern vertreiben zu müssen.

In den der Einwanderung folgenden 150 Jahren haben sich vermutlich kleinere Familiengruppen von den sarmatischen Ansiedlungen getrennt, weil Menschen und Vieh in einer relativ friedlichen Zeit so zahlreich geworden waren, dass eine Teilung sinnvoll war. So hatten sich die wohl ursprünglich südlich der oberen Lippe – aber nicht im gebirgigen Sauerland – ansässigen Gruppen dieses Volkes allmählich nach Norden und Nordwesten ausgedehnt, nach dem späteren Münsterland und ins Ravensberger und Lipper Land.

Im Laufe dieser anderthalb Jahrhunderte hatte das Fränkische Reich unter seinen Königen aus der Merowinger-Dynastie Bemühungen unternommen, sich von Gallien (Frankreich) nach Osten über den Rhein auszudehnen. Diese Merowinger waren, wie erwähnt, ebenfalls sarmatischer Abstammung, und das mag dazu beigetragen haben, dass sich Adlige aus dem gleichen Volk in Westfalen bereit fanden, diesen Königen einen Gefolgschaftseid zu leisten. Damit war ein Treueverhältnis hergestellt, aber noch keineswegs ein einheitlicher „Staat" im modernen Sinne entstanden [12]. Immerhin konnten die Könige der Franken von sich behaupten, auch über die „Leute jenseits des Rheins" zu herrschen. Derartige Gefolgschaftseide nach sarmatischem Brauch haben vermutlich stark zur Entstehung des mittelalterlichen Lehnswesens in Europa beigetragen.

Nach sarmatischer Auffassung bedeuteten allerdings derartige Gefolgschaftseide eine Verpflichtung für b e i d e Seiten. Auch der Herr, dem ein im Rang Niedrigerer Treue schwor, musste sich ehrenhaft und fürsorglich seinen Schwurgenossen gegenüber verhalten. Noch in den Lehnseiden, die für den Aufbau der mittelalterlichen Reiche in Europa so wichtig wurden, schwingt diese Einstellung mit. Einem Fürsten, der solches Verhalten vermissen ließ, konnte die Eigenschaft als „Lehnsoberer" aberkannt werden:

---

[12] Genauer sind diese kaum bekannten historischen Vorgänge im Buch dargestellt: **Reinhard Schmoeckel, Deutschlands unbekannte Jahrhunderte**, Beltheim-Schnellbach 2013.

In seltenen Ausnahmefällen ist das im Mittelalter auch tatsächlich geschehen.

Die Merowingerkönige, die zu Beginn des 7. Jahrhunderts als Brüder oder Onkel und Neffe über die verschiedenen Teilkönigreiche des Frankenreiches herrschten, haben diese Eigenschaften in zum Teil erschreckender Weise vermissen lassen, nicht nur nach Anschauung heutiger Betrachter, sondern offenbar auch für einige ihrer damaligen Untertanen. Nur der christliche Mönch Fredegar berichtet ohne jeden moralischen Tadel über die Untaten des Königs Theuderich, der seinen Bruder Theudebert nicht nur vom Thron stieß, sondern im Gefängnis umbringen und dessen kleinen Sohn auf geradezu monströse Weise töten ließ (612). Denn Theuderich war ja ein „frommer christlicher König", an dem der Gott der Christen angeblich Wohlgefallen hatte. Und der Onkel der beiden Königsbrüder, Chlothar, der in einem dritten Teil des Frankenreiches herrscht, brachte im Jahr darauf seinen Neffen um und dann auch noch die ihm verhasste Großmutter, die Königin Brunhilde. Ihre schauerliche Hinrichtung wird vom Mönch Fredegar geradezu mit sadistischem Behagen beschrieben.

Dieses Verhalten der merowingischen Könige ihren engsten Verwandten gegenüber dürfte einige seiner Schwurgenossen, vielleicht gerade solche aus den sarmatischen Adelsfamilien Westfalens, so abgestoßen haben, dass sie sich an ihren Treueschwur nicht mehr gebunden fühlten. Möglicherweise waren es einige der jungen Adligen aus Westfalen, die die Ereignisse an den merowingischen Königshöfen als Anführer einer kleinen Kriegergefolgschaft selbst miterlebt hatten, die bald danach von Westfalen weiter nach Norden zogen, um sich dem Einfluss der Frankenkönige zu entziehen.

Aber auch die Nachrichten, die Kaufleute von den Zuständen in den menschenleeren Weiten des Nordens mitgebracht wurden

– gemeint sind die von Sümpfen und Wäldern durchzogenen Ebenen des heutigen Niedersachsen –, konnten unternehmungslustige sarmatische Adlige in Westfalen zur Auswanderung nach Norden reizen. Dort gab es offenbar noch genug Platz für Viehherden und genug – aber nicht zu viele ! – einheimische Bauern, die überschüssige Schafe und Rinder der Sarmaten abnehmen konnten und von denen man Getreide und Gemüse einhandeln konnte.

Vielleicht waren es alle diese Gründe, die ab dem Beginn des 7. Jahrhunderts zu einer Wanderung von sarmatischen Familien mit Gefolge und Herden von Westfalen nach Norden führten. Eine „Völkerwanderung" war auch das nicht, eher ein langsames Einsickern einzelner Kleingruppen, das sich über mehrere Jahrzehnte verteilte. Und es begann offenbar nicht vor dem Jahr 600, zum Teil viel später.

Die Jahreszahlen, die Archäologen mit Hilfe der C 14-Methode für die Beisetzungen von Pferden in Pferdegräbern in Niedersachsen errechnet haben, bieten da eindrucksvolle Indizien. In dem Gräberfeld „Drantumer Mühle", auf dem Vorfahren von Widukind – und für die Fürsten darunter auch ihre Pferde ! – beerdigt worden sind (siehe dazu in diesem Band S. 82), setzten die ersten Körpergräber von Menschen um 650 ein, und das erste Pferdegrab stammt erst von etwa 710.

Nicht überall hin sind solche Sarmaten-Gruppen gezogen, wie man in der Karte auf Seite 32/33 sehen kann. Es gab einige Schwerpunkte: südlich und südöstlich der heutigen Stadt Hamburg und um Lüneburg im Bereich der Lüneburger Heide, dann südlich und südwestlich von Bremen, sowie nahe der Nordseeküste –aber nicht direkt an der See ! – und im nordöstlichen Holland. Von einer flächendeckenden Besiedlung des heutigen Niedersachsen durch Sarmaten kann man da wirklich nicht sprechen.

Allerdings waren ja eben damals vor 1500 Jahren riesige Gebiete dort noch praktisch unbewohnbar.

Im einen oder anderen Fall scheinen sich die zugewanderten sarmatischen Adligen mit ihrem Gefolge sehr geschickt Orte am Übergang über einen Fluss (nahe einer Furt) zur Ansiedlung ausgesucht zu haben, um dort „Zoll" kassieren zu können. Etwa beim heutigen „Flecken" Drakenburg an der Weser (bei Nienburg) scheint das so gewesen zu sein. Man kann heute noch aus dem Straßennetz des größeren Dorfs erkennen, wie wohl im Mittelalter der Verlauf der Holzpalisaden war. Diese umgaben die „Zollstation" so, dass jeder Kaufmann, der den Fluss mit Hilfe der Furt überqueren wollte, gezwungen war, die Ansiedlung zu betreten und infolgedessen deren Häuptling eine kleine Abgabe zahlen musste.

8. Gab es christliche Priester unter den Sarmaten ?

Mehrere Zufälle führten den Autor dieses Buches im Lauf seiner Forschungen zu dieser Frage und zu einer hypothetischen Antwort darauf: Ja, es scheint Christen mit einer g r i e c h i - s c h e n Gottesdienst-Liturgie unter den Sarmaten gegeben zu haben.

Den Anfang machten Forschungen nach Orten in Niedersachsen, die ähnlich wie Drakenburg gelegen waren und möglicherweise auf eine Anlage durch Sarmaten hinweisen.

Da war die Stadt Papenburg an der unteren Ems. Heute ist sie berühmt für die „Meyer-Werft", die dort riesige Kreuzfahrtschiffe herstellt. Die S t a d t ist zwar erst ab dem 17. Jahrhundert bezeugt, doch scheint zuvor Jahrhunderte lang eine kleine „Zollstation" an der dortigen Furt durch den schon ziemlich breiten Fluss bestanden zu haben, die gewiss auch einen Namen hatte, eben „Papenburg".

Wenn man aber der Herkunft ihres Ortsnamens nachgeht, kann man höchst Erstaunliches aus der Frühzeit Niedersachsens erkennen, etwas, zu dem es keinerlei schriftliche Quellen gibt. Und doch liefert dieser Name Hinweise auf kulturgeschichtliche Vorgänge im 6. bis 8. Jahrhundert n. Chr., übrigens nicht nur für Nord-, sondern auch für Mittel- und Süddeutschland (siehe dazu Näheres im Band **4: Thüringen war einmal ein Königreich** und 5: **Die Schwaben**).

„Pape" ist die n i e d e r deutsche Form des o b e r deutschen („hochdeutschen") Wortes „Pfaffe"; beides bedeutet „christlicher Priester" – nicht „Mönch". Die Wortformen unterscheiden sich ganz entsprechend der sogenannten „Zweiten germanischen Lautverschiebung", die nach den Feststellungen der Sprachforscher irgendwann im Frühmittelalter einsetzte und die niederdeutschen von den oberdeutschen Dialekten deutlich unterschied. Woran die Aussprache-Veränderungen lagen, ist für die Forschungen in d i e s e m Buch uninteressant, kennzeichnend ist unter anderem, dass ein niederdeutsches „p" in Oberdeutschland wie „f" oder „pf" gesprochen wurde.

Zur sprachlichen Herkunft dieses Wortes „Pape" kann man in einem alten etymologischen Wörterbuch [13] folgende aufschluss-

---

[13] **Kluges Etymologisches Wörterbuch der deutschen Sprache**, 6. Auflage von 1905 - in neueren Auflagen dieses Standardwerkes sind die zitierten Texte zur Herkunft des Wortes „Pape" nicht mehr enthalten.

reiche Erklärung finden: *„Die herrschende Annahme der Ableitung aus lat. Papa, das innerhalb der weströmischen Kirche ehrenvolle Anrede der Bischöfe und Titel des Papstes war, vermag die übereinstimmende kontinentaldeutsche Bedeutung „Geistlicher" unserer* (Wort-)*Sippe nicht zu erklären und ist daher mit Entschiedenheit zu verwerfen. In der g r i e c h i s c h e n Kirche unterschied man „Pápas" = Papst und „Papás" = clericus minor, und an die letztere Bedeutung knüpft die deutsche Wortsippe* (Pape, Pfaffe) *an."* Es sei daran erinnert, dass im Russischen das Wort „Pope" die gleiche Bedeutung hat.

Hellsichtig, aber noch ohne das erst in den allerletzten Jahren zusammengetragene Wissen über die Bedeutung der Sarmaten auch für das Gebiet des heutigen Deutschland, fügte der Germanist Professor Kluge damals an: *„Das g r i e c h i s c h e Wort mag schon im 6. Jahrhundert* (!!) *durch Deutschland verbreitet worden sein, es kam vielleicht etwas später als* (das Wort) *Kirche zu uns, was man aus dem Fehlen des Wortes „papa" = Geistlicher im Angelsächsischen, Englischen schließen möchte. Auch hier haben wir eine Spur der g r i e c h i s c h e n Kirche bei den Germanen. Doch lässt sich der* (Völker-) *Stamm nicht bestimmen, der das griechische „papás" als „pápa" in seinen Wortvorrat aufnahm und weitertrug."*

Spuren der g r i e c h i s c h e n christlichen Kirche bei den Germanen im späteren Deutschland im 6. Jahrhundert sind für die deutsche Geschichtsforschung bisher völlig unerklärbar. Es handelt sich wohlgemerkt n i c h t um Spuren der a r i a n i s c h e n Variante des Christentums, die praktisch alle G e r m a n e n völker aus dem europäischen Südosten für mehrere Jahrhunderte beherrschte und die – für uns Heutige kaum vorstellbar ! - ausschließlich in g e r m a n i s c h e r S p r a c h e zelebriert wurde.

Eine Erklärung bietet sich an, wenn man den Behauptungen dieser Buchreihe folgt, wonach Sarmaten im Laufe des späten 5. Jahrhunderts in verschiedene Gegenden Nord- und Süddeutschlands kamen. Wenn sie auch sonst kaum Spuren ihrer Sprache hinterlassen haben, dann vielleicht doch wenigstens in den Wörtern „Pape" im Norden und „Pfaffe" im Süden.

Die lange Nachbarschaft der Sarmaten mit den Griechenstädten am Schwarzen Meer (siehe dazu oben S. 16) führte mit Sicherheit dazu, dass einige Angehörige ihrer Adelsfamilien nicht nur Griechisch sprechen, sondern auch lesen und schreiben lernten. Das galt wohl vor allem für solche Adelsfamilien, in denen das Priestertum erblich war.

Und gerade diese „intellektuellen" Familien boten sich dafür an, dass bei ihnen später auch die Funktion von Priestern der christlichen Kirche erblich wurde, als in der östlichen Hälfte des Römischen Reiches, dem g r i e c h i s c h sprachigen Teil, das Christentum ab dem frühen 4. Jahrhundert „Staatsreligion" war. Einige der sarmatischen Stämme mögen dann dort in Südosteuropa mit der Zeit auch Christen nach g r i e c h i s c h e m (orthodoxem) Ritus geworden sein. Oder, um es vorsichtiger auszudrücken, es gab wahrscheinlich schon ab dem 4. Jahrhundert einige Adelsfamilien, in denen die Würde als christliche Priester erblich war: die „Papen". Damals existierte übrigens noch kein Heiratsverbot für christliche Priester, in der orthodoxen Kirche bis heute nicht !

Solche „Papen" kamen dann mit den Wanderungen der Sarmaten nach Westen und wurden neben anderen Adligen zu Anführern auch der späteren Sachsen, allerdings lange nachdem die „alten" Sachsen nach Britannien ausgewandert waren und dorthin ihre (germanische) Sprache mitgenommen hatten. In den Sprachschatz der „neuen" Sachsen konnte dann der Familienname „Papen" als Begriff für christliche Priester eingehen. Den Familiennamen Papen führt übrigens heute noch ein altes westfälisches Adelsgeschlecht. Ein Franz von Papen war für kurze Zeit unter Hitler Vizekanzler des Deutschen Reiches.

Viel spricht also dafür, dass irgendwann im 7. Jahrhundert eine sarmatische Adelsfamilie der Papen am Flussübergang über die untere Ems eine Zollstation eingerichtet hat, die den Namen nach dieser Familie erhielt: Papenburg. Andere Orte, die „Papen" im Namen führen, gibt es in Norddeutschland noch mehr, wie Papenwalde, Papenforst usw. Doch sie liegen weit im Osten, eher an der Ostseeküste und stammen offensichtlich erst aus viel späterer Zeit.

Es gibt sogar Indizien, die auf eine weitere Ausbreitung von Sarmaten, und darunter als „Leitname" die Papen, nach Westen schließen lassen. In den Niederlanden findet sich der Ortsname Papendrecht für ein Kleinstädtchen an der Maas in der Nähe der heutigen Großstadt Rotterdam, dessen einstige Lage am Fluss ganz der von Papenburg an der Ems entspricht. Und wiederum entspricht dieser Lage an einem alten Flussübergang die belgische Großstadt Antwerpen, oder vielmehr ihre frühmittelalterliche Vorgängerin, die „Burcht" (Burg am Flussufer). Die Entstehung der Stadt Antwerpen ist zwar für die belgischen Historiker immer noch ein Rätsel. Aber dass eine Familie der „Papen" daran beteiligt gewesen sein muss, davon erzählt eine uralte Stadtsage aus Antwerpen.

Dies jedenfalls waren die Erkenntnisse einer belgischen Forscherkollegin, die unabhängig vom Autor dieses Buches auf die sarmatische Herkunft vieler alter flämischer Adelsgeschlechter gerade aus Antwerpen gestoßen war und dies dem Autor mitgeteilt hat. Übrigens: die sieben Geschlechter, die die Stadt gegründet haben sollen, heißen in der alten Antwerpener Lokalsage die „seven Schaken", darunter auch die Papen. Auch dazu lässt die Forschung nach der frühen Entwicklung unserer deutschen Sprache hochinteressante Einzelheiten erkennen. Sie werden im nächsten Kapitel genauer behandelt.

Den Einfluss einiger christlicher Priester in sarmatischen Adelsfamilien im Frühmittelalter in Deutschland sollte man nicht überschätzen. Ein intensives christliches Kirchenleben darf man bei ihnen nicht vermuten. Erstens war offenbar im Altertum und im Frühmittelalter die griechisch geprägte christliche Kirche – später, nach der Kirchenspaltung sollte sie den Namen „Orthodox" annehmen – nicht so aggressiv auf Missionierung aus, wie die römische Kirche mit lateinischer Sprache. Eine „Zwangs-Christianisierung mit Feuer und Schwert", wie sie etwa Karl der Große betrieb, hat es dort wohl nie gegeben.

Und wenn es Erinnerungen an eine christliche Kirche oder wenigstens Lehren des Christentums mit griechischer Prägung bei den (neuen) Sachsen gegeben haben sollte, dann haben die Missionare der r ö m i s c h e n Kirche ab dem 8. Jahrhundert ganz schnell dafür gesorgt, dass solche Überbleibsel aus dem Gedächtnis der Zeitgenossen und der Nachwelt getilgt wurden.

In Rom und in der lateinisch sprechenden Kirche des Westens wurde die „Konkurrenz" der griechischen Kirche des Ostens zwar nicht so stark als ketzerisch empfunden wie die frühmittelalterliche c h r i s t l i c h e „Konfession" des „Arianismus", aber man empfand das griechisch geprägte Christentum doch als so anders, dass man am liebsten nichts damit zu tun haben wollte. Vor allem wollte man nicht wahrhaben, dass den irischen und später angelsächsischen Glaubensboten im späteren Deutschland, die dem Papst in Rom gehorchten und auf lateinisch die Messe hielten, Missionare mit griechischer Sprache vorangegangen waren. Doch solche Untersuchungen gehören eher in eine moderne Kirchengeschichte Deutschlands als in die Forschungen nach den Sarmaten in unserem Land.

9. Die „Schachmänner" und ihr Weg in unsere Sprache

Den folgenden Erklärungen ist vorauszuschicken, dass in der sarmatischen Sprache, die offenbar dem Alt-Persischen sehr ähnlich war, der Stand der Adligen „Schah" genannt wurde [14]. Vermutlich wurde das Wort „Schach" ausgesprochen, doch hat es mit dem Schachspiel nur sehr indirekt etwas zu tun, es kam Jahrhunderte früher in die deutsche Sprache als das Schachspiel nach Europa. Vermutlich bedeutete „Schah" oder „Schach" ursprünglich nur „Adliger"; später „König". Danach trug mehrere Jahrhunderte lang der König von Persien (oder Iran) den Titel „Schah" - - und von diesem Titel stammt möglicherweise der Name des Spiels.

Im Band 2 dieser Reihe: **Die Westfalen und ihr weißes Ross** (Kapitel II 4, S. 33 ff.) wurde ausführlicher beschrieben, dass es für die Ankunft sarmatischer Gruppen in dieser Region unter Anführung ihrer „Schah" sogar eine Schriftquelle gibt, die sogenannte „Thidrekssaga".

Man kennt diesen Text nur in einer Übersetzung in die Sprache Alt-Nordisch (die Sprache der Edda), doch stammen die Geschichten aus Mitteleuropa und sind lange mündlich weitergeben, aber schließlich doch in niederdeutscher Sprache aufgeschrieben worden. D i e s e Schriftquelle ist allerdings wohl unwiederbringlich verloren, nur die Übersetzung in eine verwandte germanische Sprache ist erhalten. Die zahlreichen Probleme der Philologen mit dieser Quelle sind hier aber nicht so wichtig.

---

[14]   Jaroslaw Lebedynsky, Les Sarmates - amazones et lancièrs cuirassées entre Oural et Danube VIIe siècle av. J.C. – VIe siècle apr. J.C. Edition Errance, Saint-Germain-du-Puis (Frankreich), 2002

Zahlreiche Hinweise auf reale historische Vorgänge oder Zustände sind darin verborgen und erlauben daher Blicke in eine bisher völlig quellenlose Vergangenheit von Teilen des Gebietes, das heute Deutschland heißt. Doch ist große Sorgfalt bei der Freilegung dieser „Kerne" geboten.

In dieser Sammlung von Heldengeschichten aus Mitteleuropa, deren früheste offenbar im Frühmittelalter entstanden, werden an zwei Stellen „Schachmänner" erwähnt. Wenn man diese Erzählungen von den „Schalen" mittelalterlicher Übertreibungen, Ausschmückungen und bewusster Verbiegungen befreit, kommen erstaunliche uralte „Geschichtskerne" zum Vorschein.

Offenbar hatten sich Germanen in Westfalen zeitweise gegen „Schachmänner" zur Wehr zu setzen. Sie müssen die sarmatische Bezeichnung für die Angehörigen der Adelsklasse „Schah" gehört haben und dieses Wort in i h r e Sprache umgeformt haben. Die Germanen an der Lippe empfanden die Neuankömmlinge offenbar nicht nur als unerwünschte Eindringlinge, sondern als „Räuber" und „Mörder" – eine durchaus verständliche Reaktion. Ob diese Bezeichnung wirklich berechtigt war, soll einmal dahin gestellt bleiben.

Eine der beiden Episoden, in denen „Schachmänner" vorkommen, wird im nordischen Text mit der Überschrift versehen „Das Kastell an der Lippe". Darin kämpfen (natürlich germanische) Helden gegen die bösen „Schachmänner", die an einer Furt durch den Fluss Lippe eine Art Zollstation betreiben, und natürlich siegen die in der mündlich überlieferten Sage gefeierten Helden. Ob das der historischen Wirklichkeit entsprach, war nicht entscheidend, auch muss die Bösartigkeit des Auftretens der „Schachmänner" und ihre Zahl nicht unbedingt der einstigen Realität entsprochen haben.

Wichtig ist, dass hier aus dem Blickwinkel der ursprünglichen Gegner der einwandernden „Schachmänner" solche Auseinandersetzungen erwähnt und durch die Jahrhunderte rein mündlicher Überlieferung bis zur ersten s c h r i f t l i c h e n Fixierung (wohl um 1240) aufbewahrt worden sind. Diese Gegner müssen Germanen gewesen sein, wahrscheinlich vom Stamm der Hattuarier; in der Thidrekssaga heißen sie „Hunen", doch darf dieser Völkername keinesfalls mit den asiatischen Hunnen verwechselt werden.

Es ist sehr verständlich, dass die germanischen Dichter der ersten Heldenlieder (um 460 ?) den wehrhaften Eindringlingen zuerst mit Feindschaft gegenüber standen und sie in ihren Heldenliedern mit Worten sehr negativer Bedeutung belegten. D i e s e r historische Kern schält sich bei sorgfältiger Analyse der Thidrekssaga-Texte heraus. Sie sind möglicherweise die einzigen Urteile über die Sarmaten in Mitteleuropa aus der Sicht ihrer ursprünglichen Kontrahenten, die sich in Schriftform erhalten haben.

Das Wort „*skaekmenn*" im nordischen Text der Thidrekssaga oder „Schachmänner" im ursprünglichen „mitteleuropäisch-germanischen" Text der Heldenlieder (wie das Wort damals gelautet haben mag, wissen wir nicht genau) führt weiter zu einem Wort, das es zumindest im Alt h o c h deutschen bereits gegeben hat. Hier lautet es (nach etymologischen Wörterbüchern) „*scahhari*"; im Mittelhochdeutschen verwandelte es sich in „*schachaere*". Und dieses Wort hieß dann im frühen Neu-Hochdeutschen „*Schächer*".

In dieser Form wurde es durch Luthers Bibel-Übersetzung bis in die Neuzeit bewahrt: Schächer wurden die beiden Verbrecher genannt, die zusammen mit Jesus Christus gekreuzigt wurden. Die tiefere Bedeutung des Fremdwortes als „Räuber" oder „Mörder" liegt hier auf der Hand.

Sprachwissenschaftler konnten bisher nicht erklären, woher dieses Wort in der deutschen Sprache stammte, in anderen germanischen Sprachen fehlt es. Doch nach der hier erstmals vorgelegten Erklärung dürfte auch dieses Wort eine unbewusste Erinnerung an die Sarmaten sein, die vor anderthalb Jahrtausenden nach Westfalen gekommen sind.

In der flämischen – oder niederdeutschen ? – Form „Schaken" finden wir dieses Wort in der im vorigen Kapitel erwähnten alten Stadtsage aus Antwerpen wieder, wonach „seven Schaken" (sieben Schachmänner ?) einst im Frühmittelalter den Kern dieser bedeutenden Handelsstadt begründeten. Unter den sieben alten Adelsfamilien war auch eine mit Namen „Papen". Erstaunlich, wie sich immer wieder Indizien aus den verschiedensten Ecken des Wissens zusammen fügen !

10.   Ein Volk aus drei „Ständen" ?

Folgt man den Fachhistorikern, die sich noch in jüngster Zeit mit dem Frühmittelalter in Deutschland und vor allem mit den S a c h s e n beschäftigt haben, dann beruht deren gesamtes Wissen über dieses Volk v o r seinen historischen Kämpfen gegen Karl den Großen auf nur drei oder fünf kurzen Erwähnungen im (lateinisch verfassten) Schrifttum aus dem 6. bis 8. Jahrhundert. Diese Bücher wurden entweder irgendwo im heutigen Frankreich oder aber in Britannien geschrieben, also sehr weit weg vom Land der Sachsen, stets nur aus mündlichen Berichten geschöpft, und meist mit einer durchaus erkennbaren „anti-sächsischen" Tendenz.

Historische Quellen aus dem heutigen Deutschland konnte es nicht geben, denn niemand beherrschte dort die Kunst des

Schreibens. Selbst die sonst in mancher Hinsicht aufschlussreiche Quelle, die Thidrekssaga (siehe oben) kann hier nicht helfen, weil ihre „Ur-Heldenlieder" von Leuten aus anderen germanischen Völkern im südlichen Westfalen und im Rheinland verfasst worden sind, weit weg vom damaligen Wohnsitz der Sachsen.

Eine der wenigen von der Geschichtsforschung akzeptierten (und daher immer wieder neu kommentierten) Quellen ist der Bericht eines christlichen Mönchs aus Britannien, dem Angelsachsen Lebuin, der um 770 n. Chr. als Missionar in die alte Heimat seines Volkes gereist war und nach seiner Rückkehr ein lateinisches Buch verfasste [15].

Was er zu erzählen wusste, ist höchst erstaunlich. Die Sachsen – wohlgemerkt die in der alten Heimat – hätten drei Stände in ihrem Volk, die Adligen (Edelinge), die Freien und die Liten. Heiraten z w i s c h e n diesen Ständen seien bei Todesstrafe verboten. Aber andererseits seien die Menschen dieser drei Stände in verschiedenen Regionen des Sachsenlandes zu „Heerschaften" zusammengeschlossen, die im Krieg von „Satrapen" angeführt würden. Aber auch verschiedene Angelegenheiten im Frieden würden die drei Stände gemeinsam beraten, bei jährlichen „Thingen" (Versammlungen der Krieger). Doch zu diesen Volksversammlungen kämen nicht alle erwachsenen Krieger, sondern von jedem der drei Stände zehn Vertreter.

Diese „Heerschaften" waren, wie die historische Forschung weiß, die sogenannten „Westfalen", die „Engern" und die „Ostfalen" sowie die „Transalbingier", das heißt die Sachsen, die jenseits (östlich) der Niederelbe, im heutigen Holstein, lebten. Die Westfalen sollten Wohnsitze etwa westlich der Weser haben, von

---

[15] Vita Lebuini antiqua, in: Quellen zur Geschichte des 7. und 8. Jahrhunderts, unter der Leitung von Herwig Wolfram neu übertragen von Andreas Kusternig, 1982, S. 386.

der Region zwischen Hamburg und Bremen und im Süden bis nach - - ja, bis wo eigentlich ? Die Ostfalen waren, so heißt es, im südöstlichen Niedersachsen ansässig, die Engern zwischen den nach den Himmelsrichtungen unterschiedenen „Falen". Bisher hat übrigens kein Historiker eine überzeugende Erklärung für diesen Begriff „Falen" liefern können.

Es scheint so, dass diese „Heerschaften" – man könnte sie wohl als „Genossenschaften zur gemeinsamen Kriegsführung" bezeichnen – das „Ursprüngliche" bei den „Sachsen" waren. Und der Eindruck drängt sich auf, dass diese Menschen sich erst im Laufe der ständigen Kriege der Franken gegen sie im Laufe des 8. Jahrhunderts als etwas Gemeinsames, als ein „ V o l k der Sachsen" begriffen, wie die fränkischen Gegner sie ständig bezeichneten.

Höchst aufschlussreich ist der Begriff „Satrapen", den der Mönch Lebuin in seinem lateinisch geschriebenen Bericht gebraucht. Den deutschen Historikern im 19. und 20. Jahrhundert war dieses Wort bekannt, sie kannten es als „klassisch gebildete" Gelehrte als Bezeichnung für die Statthalter in einer Provinz des alten Persischen Reiches in den Jahrhunderten vor Christi Geburt. Sie übersetzten das von Lebuin gebrauchte Wort mit „Häuptlinge", und das waren nach dessen eigener Definition eben keine „Könige".

Doch woher sollte dieser Lebuin im 8. Jahrhundert das Wissen der europäischen Gelehrten der jüngeren Neuzeit haben ? In der Bibel kommt der Begriff „Satrapen" nicht vor, und das wäre die einzige Quelle, deren Kenntnis man bei einem Mönch aus Britannien seiner Zeit vielleicht voraussetzen könnte. Lebuin muss das Wort bei seinem Aufenthalt im „alten Sachsen" gehört und dann in seinem lateinischen Bericht verwendet haben Den modernen Historikern ist dieser ziemlich deutliche B e w e i s für die An-

68

wesenheit von Leuten mit einer dem Alt-Persischen ähnlichen Sprache im Volk der Sachsen nie aufgefallen.

In der alt-persischen Sprache bedeutet das Wort „xshatrpa van" etwa „Beschützer", und wurde eben als Bezeichnung für einen Provinzstatthalter benutzt [16]. Auch in der Sprache der Sarmaten dürfte es dieses Wort gegeben haben und wurde von ihnen wohl für den Anführer der Krieger in einer der „Heerschaften" verwendet. In späteren Texten hieß dieser Anführer auf Lateinisch „Dux", und das bedeutete ursprünglich nichts anderes als „Anführer". Erst später wurde dem Begriff die Bedeutung „Herzog" - ein germanisches Wort - beigelegt.

Nimmt man die bisher in diesem Buch und auch in diesem Kapitel angeführten Indizien zusammen, dann ergibt sich bereits ziemlich eindeutig ein Bild, wie das n e u e Volk der „Sachsen" vom 7. bis 9. Jahrhundert n. Chr. allmählich aus mehreren ethnischen Bestandteilen zusammenwuchs. Voraussetzung für diese neue Erkenntnis ist allerdings, dass man nicht – unbewusst oder bewusst – die Nutzung neu aufgetauchter Indizien und Ideen in der Geschichtsforschung ablehnt.

Nach dem Zuzug etlicher kleiner Gruppen von Sarmaten aus Westfalen unter Anführung ihrer Adliger nach Nordwestdeutschland dürften ein paar Jahrzehnte vergangen sein, bis sich die neuen Ansiedler mit ihren Viehherden mit den bisherigen Anwohnern friedlich verständigt hatten. Wie bereits erwähnt, war aber die Region damals so besonders dünn besiedelt, dass sicher keine Vertreibung bisheriger Bauern von ihren Ansiedlungen und Äckern durch die Zuwanderer nötig war.

---

[16] Hinweis des Sprachwissenschaftlers Prof. F. Muller, Pulligny, Frankreich

Anders als bei den Hunnen herrschte bei den Sarmaten auch nicht die Vorstellung, alle ihre Nachbarvölker beherrschen zu müssen. Die Sarmaten wollten mit ihren bäuerlichen Nachbarn friedlich die überschüssigen Erzeugnisse beider Wirtschaftsformen tauschen und nicht die Dörfer der Nachbarn plündern und anbrennen. Bald werden die Menschen aus dem Volk der „alten Sachsen" das auch begriffen haben.

Die einst aus der ungarischen Puszta mitgebrachten großen Herden von Rindern, Schafen und Pferden werden wohl in der neuen Umgebung bald erheblich kleiner geworden sein. Hier erzwang die Natur der Landschaft schnell ein ganz anderes Wirtschaften zur Erzeugung alles dessen, was die Menschen – damals noch in Allem absolute „Selbstversorger" – für ihr Leben benötigten. Was ihnen die Kaufleute mitbrachten, die sicher auch im „Sachsenland" immer wieder einmal in den kleinen Ansiedlungen auftauchten, waren nichts Anderes als teuer (durch Tauschwaren) zu bezahlende Luxusgegenstände für die reichen Herren, die Adligen.

Schon im späten 7. Jahrhundert scheint es Feldzüge der fränkischen Könige – oder vielmehr ihrer „Hausmeier" aus dem Geschlecht der Pippiniden oder Karolinger - über den Rhein in Gebiete der angeblich untreu gewordenen Schwurgenossen gegeben zu haben. Manche davon haben wohl auch schon die Wohngebiete der späteren „Sachsen" erreicht.

Solche „Vergeltungsaktionen" der Franken äußerten sich wie bei den Hunnen in der Form von Plünderungen und Anzünden der Dörfer, und das löste natürlich bewaffneten Widerstand bei den Betroffenen aus. Leidtragende waren wie immer a l l e Bewohner, gleich welchen Standes. Es liegt auf der Hand, dass sich nunmehr diese Menschen untereinander enger zusammengehörig fühlten als ohne diese Bedrohung von außen.

Vielleicht waren die freien Bauern aus altem sächsischem Stamm in einer solchen Bedrohungssituation froh, in ihrer Nachbarschaft Adlige zu haben, die von früheren Generationen her erprobte Soldaten und Offiziere mit Überblick und militärischer Organisationserfahrung waren. Für die sich zwangsläufig bildenden „Genossenschaften zur gemeinsamen Kriegführung", der „Heerschaften", waren sie die vom Schicksal angebotenen Befehlshaber.

Kein schriftliches Dokument zeugt davon, dass sich in diesen Jahrzehnten am Ende des 7. und am Anfang des 8. Jahrhunderts die Menschen in Nordwestdeutschland nach Beratungen in den bei den alten Sachsen üblichen „Thingen" einig wurden, sich zu den dann so wichtigen „Heerschaften" zusammenzuschließen. Da man merkte, dass nicht nur für den Krieg, sondern auch im Frieden zahlreiche gemeinsame Fragen geklärt werden mussten, wurde offenbar eine feste Form von regelmäßigen, wohl jährlichen, Treffen vereinbart.

Hier muss jemandem, vermutlich einem sarmatischen Fürsten, ein in die weite Zukunft weisender Einfall gekommen sein, nämlich alle d r e i Stände (oder „Kasten") im neu entstehenden Volk zu scheinbar gleichberechtigten Entscheidern zu machen.

Wieder muss hier an die Grundform des s a r m a t i s c h e n Volkes erinnert werden, in dem es z w e i „Kasten" gab, die zwar b i o l o g i s c h keinerlei Gemeinsamkeit haben durften, also keine Ehen schließen durften, die aber dennoch durch religiös begründete Schwüre zu „Lebenseinheiten" zusammengeschlossen waren. Das waren die schon mehrfach erwähnten „Schwurgenossenschaften". Diese hatten sich zwar klar nach dem Willen des adligen Oberhaupts zu richten. Doch war das Oberhaupt auch verpflichtet, in jeder Lebenslage für seine Schwurgenossen zu sorgen.

Im Volk der „alten Sachsen" gab es, wie im Kapitel 6 (S. 51) näher begründet, einen den germanischen Bauern untergeordneten Stand, die „Liten", Menschen von ursprünglich anderer Sprache und Kultur, die den freien Sachsen dienen mussten. Es muss ein überaus geschickter „Schachzug" der sarmatischen „Schah" gewesen sein, diesen „Leuten" als d r i t t e m Stand im entstehenden Volk der n e u e n Sachsen eine gewissermaßen verfassungsrechtlich gesicherte Stellung zu verschaffen.

In den jährlichen „Thingen", den Versammlungen der Abgesandten der drei Stände innerhalb der verschiedenen „Heerschaften", hatte jeder dieser Stände die gleiche Anzahl von stimmberechtigten Vertretern, wie Lebuin berichtet. Doch die bisher mehr oder weniger rechtlosen „Liten" hatten den sarmatischen Adligen ihr erstmaliges Mitspracherecht in den gemeinsamen Thingen zu verdanken. Das dürfte deren Vertreter oft genug veranlasst haben, mit den zehn Vertretern des Adels – und, falls einmal notwendig - g e g e n die zehn Vertreter der f r e i e n Bauern aus altsächsischen Familien zu stimmen. Das ist nicht nur Vermutung des Autors dieses Buches, sondern schon längst auch von Fachleuten für die Geschichte der „Altsachsen".

Das sonst in germanischen Völkern völlig unbekannte Verbot von Heiraten z w i s c h e n den drei Ständen entspricht genau der Einstellung des sarmatischen Adels, ist aber in der modernen Geschichtsforschung offenbar nie als etwas Besonderes aufgefallen.

Die sarmatischen Adligen dürften schon nach zwei oder drei Generationen ihre eigene Sprache aufgegeben und die der umgebenden Bauern angenommen haben, zu deren Anführern sie mehr oder weniger freiwillig geworden waren. Das wird bei den „Westfalen" und den „Sachsen" nicht anders gewesen sein als zur gleichen Zeit bei den vielen Völkern Osteuropas, wo ganz ähnliche Verhältnisse inzwischen von der dortigen historischen Forschung angenommen werden. Auch in der Religion scheinen sie sich angepasst zu haben, doch gaben die fremden Herren der alten germanischen Religion der Sachsen auch eine durchaus neue Variante mit. Zu ihr wird im Kapitel 15 noch Einiges zu erklären sein.

Drei Jahrhunderte nach ihrer ersten Einwanderung in Mitteleuropa, das heißt etwa zu Beginn des jahrzehntelangen Kampfes der Sachsen gegen Karl den Großen, muss sich der Adel dieses Volkes als genau so „einheimisch" gefühlt haben wie die freien Bauern - und vermutlich auch die „Liten", die ja ebenfalls schon mehrere Jahrtausende im Lande lebten. Zu diesen Liten dürften nunmehr auch die einst aus Pannonien mitgebrachten Angehörigen des unteren Standes der Sarmaten gezählt haben.

Was die Adligen sicher nicht vergessen hatten, war das Bewusstsein, einem besonderen, von der Natur bevorrechtigten Stand anzugehören, der nicht durch Ehen mit Leuten niederer Abkunft „beschädigt" werden durfte. Aber auch die von den Göttern gebotene Verantwortung für ihre Schwurgenossen aus dem unteren Stand geriet bei ihnen nicht in Vergessenheit: „Noblesse oblige – Adel verpflichtet": Dieser schöne Satz ist mit Sicherheit ein Andenken an die einstigen „Gründer des mittelalterlichen Europa", die Sarmaten.

Das alles kann man aus dem in diesem Buch kurz dargestellten Wissen über das antike Volk der Sarmaten, für die Sachsen konkret aber auch aus den dürftigen Angaben des angelsächsischen Mönches Lebuin folgern. Allerdings muss man bereit sein, die zahllosen Indizien für die Existenz von Sarmaten in Nordwestdeutschland im Frühmittelalter zu akzeptieren und Schlussfolgerungen daraus zu ziehen. Aber weil es keine ausdrücklichen schriftlichen Quellen aus dem Frühmittelalter dazu gibt, bleibt die herkömmliche akademische Lehre in Deutschland (und wohl auch in Frankreich) bei den Ansichten, die einst die reichlich unwissenden „Franken" über ihre Gegner schufen.

11. Der Friedhof für Widukinds Ahnen

Im Jahr 947 n. Chr. vermachte der ostfränkische König Otto I. in einer Urkunde dem Nonnenkloster Enger einige Dörfer in der Gegend zwischen Bremen und Oldenburg [17]. So etwas war zu seinen Zeiten völlig normal und diente dazu, den überall entstehenden christlichen Klöstern den notwendigen Unterhalt zu verschaffen. Das bedeutete, dass die Bauern in den betreffenden Dörfern nunmehr ihre Abgaben in Naturalien an das beschenkte Kloster zu liefern hatten.

Etwas Besonderes war diese Landschenkung des Königs Otto aber schon. Dieser König war der Enkel des Sachsenherzogs Otto („des Erlauchten") und Sohn des ersten Königs Heinrich aus dieser Dynastie, dem später so genannten „Haus der Sachsen-Kaiser". Die dem Kloster vermachten Dörfer stammten aus dem Erbe seiner Mutter, und diese war eine Ur-Urenkelin des immer noch berühmten Sachsenherzogs Widukind.

Auch Otto stammte ja von Sachsen-Herzögen ab, aber diese kamen aus einer anderen Familien-Linie als Widukind, seine Vorfahren waren Herzöge der Sachsen in „Ost-Falen" gewesen, der berühmte Gegner Karls des Großen war der Anführer in

---

[17]   D. Niemöller, Enger – die Wittekindstadt in Sage und Geschichte; Bielefeld 1927, S. 37 f.

„West-Falen". Aber in Ottos Mutter waren nun die beiden Adelsfamilien wenigstens erbrechtlich zusammengeführt worden.

Wenn sich heutige Historiker über diese Landschenkung Gedanken machen würden – was offenbar noch nie geschehen ist ! – dann würde ihnen vielleicht auffallen, dass die Entfernung zwischen den verschenkten Dörfern und dem damit bedachten Kloster erheblich groß war – in Luftlinie gut 100 Kilometer - , was die Ablieferung von Naturalien ziemlich erschwerte. Selbst zu Ottos Lebzeiten gab es schon etliche andere Klöster, die den verschenkten Dörfern viel näher lagen.

Denn das Kloster, das diese Schenkung erhielt, lag im Ravensberger Land in W e s t f a l e n . Das Kleinstädtchen Enger liegt nordwestlich von Herford. Vermutlich hat sich die Ansammlung von Häusern von Handwerkern und Kaufleuten um das Kloster gebildet, das zuerst da war. Aber noch früher könnte eine kleine Kirche oder Kapelle dort gestanden haben. Und diese Kirche, deren genaues Alter man nicht kennt, dürfte der Anlass zur Gründung des Klosters und zur Landschenkung Ottos gewesen sein. Sie ist nämlich wahrscheinlich die letzte Ruhestätte Widukinds.

Historiker „vom Fach" glauben das nicht, weil es keine Urkunde gibt, die das bezeugt. Doch die Heimatforscher in und um Enger sind sich sicher, denn sie kennen eine alte Sage, die genau das berichtet. Man hat sogar in der Kirche von Enger vor einigen Jahrzehnten archäologische Ausgrabungen vorgenommen und dabei die sterblichen Überreste eines Mannes gefunden, den man nach seiner Größe für Widukind hielt.

Dieses Buch hat nicht die Aufgabe, das Leben und die Kämpfe Widukinds näher zu schildern, dazu gibt es genug Werke von deutschen Fachhistorikern. Dennoch muss man ein paar Daten aus dem Leben dieses Sachsen-Führers kennen, um die Zusammenhänge zu verstehen.

Der Sachsen-Herzog dürfte etwa im Jahr 750 geboren sein; bis zum Jahr 785 führte er die Krieger seines Volkes in zahlreichen Kämpfen gegen die Franken und ihren König Karl an. In diesem letzteren Jahr ergab er sich seinem Gegner, weil er einsah, dass weiterer Widerstand seinem Volk der Sachsen nur immer neuen unendlich großen Schaden zufügen würde. Wie fränkische Quellen berichten, wurde Widukind zu Weihnachten dieses Jahres in Attigny im heutigen Frankreich getauft. Damit verschwand er aus der Geschichte, wenn man schriftlich überlieferte Dokumente darunter versteht.

König Karl (der Große) hatte seinem Gegner nach der freiwilligen Aufgabe des Widerstands und dem Übertritt zum Christentum zwar das Leben geschenkt, aber sein weiteres Schicksal dürfte die lebenslange „Haft" in einem Kloster gewesen sein, wie das zu dieser Zeit für politische Gegner der siegreichen Herren die Regel war.

Ein wichtiges Kloster der späten Zeit Karls des Großen gab es auf der Insel Reichenau im Bodensee. Die Wahrscheinlichkeit ist groß, dass man Widukind dorthin brachte, weit genug weg vom Sachsenland und unter strenger Aufsicht des dortigen Abtes. Irgendwann ist er in diesem Kloster gestorben; man kann nur raten, dass dieses Ereignis in den Jahren um 825 eintrat [18].

In diesen gut 40 Jahren war das Sachsenland „christianisiert" worden, das heißt, die meisten Sachsen hatten die christliche Taufe empfangen, und jede Andeutung einer Abweichung von den Lehren der neuen Religion galt als Hochverrat und konnte mit dem Tode bestraft werden. Verwandte Widukinds in seiner Hei-

---

[18] Der Historiker Gerd Althoff hat dies nach Auswertung der Namenslisten dieses Klosters wahrscheinlich gemacht: „Der Sachsenherzog Widukind als Mönch auf der Reichenau; ein Beitrag zum Widukind-Mythos"; in: K. Hauck Hrsg.), Frühmittelalterliche Studien, Band 17, Berlin-New York 1983

mat taten sich als besonders eifrige Christen hervor und verbreiteten Gerüchte, wonach der getaufte Herzog nun alle möglichen Wunder als christlicher Mönch vollbracht habe.

Sicherlich hat die Nachricht von seinem Tod als Mönch nach vierzigjähriger „Klosterhaft" auf der Reichenau sehr schnell auch die Verwandtschaft in Norddeutschland erreicht. Es lässt sich vorstellen, dass die Familie eine Reisegruppe nach Süden schickte, um den „wundertätigen" Verstorbenen nach Hause zu holen. In Enger in Westfalen wurde ihn dann in einer schnell gebauten kleinen Kirche die letzte Ruhestätte bereitet, dem christlichen „Quasi-Heiligen" aus einer uralten Adelsfamilie. Er konnte so zu einem wichtigen Garanten der neuen Religion in seinem Heimatland werden.

Vermutlich hing die Gründung eines Nonnen-Klosters neben der Kirche in Enger mit dem Andenken an den Toten zusammen. Die Nonnen sollten durch Gebet ständig die Erinnerung an den berühmten einstigen Herrscher (und nunmehrigen christlichen „Wundertäter") aufrechterhalten. Es gibt keine Dokumente, wann dieses Kloster eingerichtet wurde; jedenfalls geschah das schon ungewöhnlich früh.

Nach den schriftlich überlieferten Quellen über die Kämpfe zwischen Sachsen und Franken in den Jahren vor 785 haben sie sich nicht vorrangig im Ravensberger Land abgespielt, sondern erheblich weiter östlich. Doch hartnäckig hat sich in der Umgebung des späteren Klosters und Städtchens Enger eine Volkssage gehalten, wonach dem Sachsenherzog Widukind dort ein Landgut gehört haben soll, das er auf seinen vielen Ritten kreuz und quer durchs Land immer wieder aufgesucht habe. Es sei sein Lieblingsgut gewesen. Es lag weit von der Heimat seiner Vorfahren entfernt, die in der Gegend um das heutige Städtchen Wildeshausen im östlichen Teil Oldenburgs zu suchen sind, nicht weit von Bremen entfernt. Aber es scheint so, dass man ihm nicht dort, sondern am Ort seines Lieblingsaufenthalts die letzte Ruhestätte bereitete.

Vielleicht lag es daran, dass dort auf seinem Lieblingshof noch Kinder oder Enkel von ihm lebten. D a s s Widukind Nachkommen hatte, steht fest, doch angesichts der Zeitumstände kann man natürlich keine ganz sichere Genealogie erstellen.

Bisher ist in diesem Kapitel noch mit keinem Wort etwas dazu gesagt werden, wie der Herzog Widukind mit den S a r m a t e n zusammen hing, dem Thema dieses Buches. Doch das wird klarer, wenn man weiß, dass das kleine Dorf Drantum, das neben einigen anderen Dörfern dem Kloster Enger vermacht worden war, mehrere Jahrhunderte lang die „Grablege" und zugleich die „Pferde-Opferstätte" der Vorfahren Widukinds gewesen war.

In dem Ortsteil „Drantumer Mühle" der Gemeinde Emstek im heutigen niedersächsischen Landkreis Cloppenburg wurden im Jahr 1961 in einer archäologischen „Notgrabung" (im Zuge eines Autobahn-Neubaus) diese vermutliche „Grablege" erforscht. Der Ort liegt knapp 16 Kilometer vom Städtchen Wildeshausen entfernt, das allgemein als die Heimat der „Widukinde" gilt.

Hier wurden damals 511 Körpergräber und 24 Pferdegräber sowie zahlreiche Brandgruben entdeckt. Der Friedhof zeigt somit die typische Mischung für die letzten Ruhestätten adliger Sarmaten (siehe oben S. 14 und 29).

Auffällig ist die große Anzahl von Körpergräbern. Nach dem vermuteten Glauben der Sarmaten hatten ja nur männliche Angehörige des Adels von sich aus die nötige Reinheit, so dass sie nach ihrem Tod nicht durch das „reinigende Feuer" gehen mussten. Und nur verstorbenen adligen Familien o b e r h ä u p t e r n wurde ein geopfertes Pferde beigegeben, manchen sogar zwei.

Das lässt darauf schließen, dass der Friedhof vielleicht die gemeinsame letzte Ruhestätte für mehrere eng verwandte Adelsfamilien war, die über das Land verteilt im größeren Umkreis auf ihren „Gütern" lebten. Denn selbst wenn man von einer Nutzung dieses Friedhofs über mehrere Jahrhunderte ausgehen muss (siehe dazu gleich), wären von e i n e r Familie allein nicht so viele Generationen beigesetzter Toter (und entsprechend viele Oberhäupter mit je einem oder zwei geopferten Pferden) zu erwarten. Der Familienzweig, aus dem der Herzog Widukind stammte, hat aber mit Sicherheit zu den Nutzern dieses Friedhofs gehört.

Die Pferdegräber bei der „Drantumer Mühle" wurden in einer Dissertation einer Tierärztin genauer untersucht [19]. Es ist diese Arbeit, die bisher am genauesten die Pferdegräber und die Art ihrer Anlage beobachtet hat, denn die Verfasserin hat darin auch einen großen Teil der zwar bekannten, aber nie näher betrachteten übrigen Pferdegräber in Deutschland mit einbezogen. Übrigens hat auch sie die oben genannte Urkunde des Königs Otto I. über die Schenkung des Ortes Drantum an das Kloster Enger erwähnt.

Fast sensationell ist die Feststellung dieser Untersuchung, für die u. a. die Knochen der Pferde einer Altersermittlung mit der C-14-Methode unterzogen wurden. An der Drantumer Mühle wurden Pferde zwischen dem Jahr 710 und dem Jahr 885 nach altem Sarmatenbrauch geopfert und beigesetzt. Dabei setzte die Christianisierung dieses Gebiets zwischen 777 und 786 ein, ablesbar an der Änderung der Richtung der Körperbestattungen von Menschen, vorher vorwiegend Süd-Nord, danach West-Ost. Menschliche Bestattungen erfolgten auf diesem Friedhof etwa von 650 bis 850 n. Chr.

---

[19]   Verena Freiin von Babo, Pferdebestattungen auf dem frühmittelalterlichen Gräberfeld Drantumer Mühle, Diss. Hannover 2004

Von den Pferden auf dieser Begräbnisstätte wurden 18 einzeln beigesetzt, sechs in drei Doppelgräbern. Die geopferten Pferde waren nach der Feststellung der zitierten Dissertation fast immer Hengste, gelegentlich Wallache. Das fast Unglaubliche daran ist, dass solche Pferdeopfer noch hundert Jahre nach der Kapitulation Widukinds und der daraufhin erfolgten „Zwangs-Christianisierung" der Sachsen diesseits der Elbe durchgeführt wurden. Der von der einstigen Religion der Sarmaten befohlene Brauch muss so stark nachgewirkt haben, dass selbst die zu so guten Christen gewordenen Nachkommen Widukinds trotz aller angedrohten Strafen noch lange daran festgehalten haben.

Für die Familie, aus der Herzog Widukind stammte, lassen sich noch andere Indizien außer den Pferdegräbern für ihre Herkunft aus einst eingewanderten Sarmaten anführen. Sie sind in den nächsten Kapiteln dieses Buches näher beschrieben.

Doch die enge Verbindung dieser Familie, die ja nach dem Wissen der herkömmlichen Historiker der Landschaft zwischen Oldenburg und Bremen entstammte, mit dem Ravensberger Land macht die Behauptung in diesem Buch wieder noch etwas wahrscheinlicher, dass ihre Vorfahren einst aus der Landschaft, die man h e u t e Westfalen nennt, in die Norddeutsche Tiefebene ausgewandert waren. Vor allem die Gegend im Nordosten Westfalens, die heute den Namen „Ravensberger Land" trägt, könnte der Ausgangspunkt der frühmittelalterlichen Wanderung von kleinen Schwurgenossenschaften unter Führung sarmatischer Adliger in das Land im Norden gewesen sein.

Erst die Kenntnis all der in diesem Kapitel angeführten Hinweise macht es klar, warum wohl der berühmte Sachsenherzog Widukind seine letzte Ruhestätte im Ravensberger Land und nicht bei seiner Geburtsstätte Wildeshausen gefunden hat. Und zugleich wird klarer, warum König Otto aus dem sächsischen Herzogshaus ein Jahrhundert später dem Kloster bei dieser Grabeskirche die „Weihestätte" der Vorfahren seiner Frau geschenkt haben mochte.

Es lag wohl im christlichen Glauben jener Zeit, dass das inbrünstige Gebet der frommen Nonnen auch bewirken konnte, die an sich noch „heidnischen" Vorfahren, die dort beigesetzt waren, noch nachträglich zu guten Christen zu machen.

12. Der Graf von Calvelage und das Ravensberger Land

Die merkwürdig enge Verbindung des Ravensberger Landes in Westfalen mit der Gegend zwischen Oldenburg und Bremen, der Heimat Widukinds, ist schon im vorangehenden Kapitel behandelt worden. In d i e s e m Kapitel muss noch ein weiterer Bezug, und zwar gewissermaßen ein „offizieller", zur Sprache kommen.

Die Zeit, um die es dabei geht, ist nun schon das frühe Hochmittelalter. Allenthalben mühten sich damals Grafen oder andere Edelherren, die ihnen unterstehenden Dörfer und Güter zu einem „reichsunmittelbaren" Ländchen zu machen und ihren Besitz auszuweiten, durch geeignete Heiraten, Kauf oder auch durch Fehden mit einem Nachbarn.

Um das Jahr 1080 erwarb ein Graf von Calvelage einige Dutzend Quadratkilometer Land südlich des Teutoburger Waldes zwischen den späteren Kleinstädten Halle und Borgholzhausen, offenbar durch Kauf. Wer der Verkäufer war, bleibt in dem Pergament, das (etliche Zeit später) darüber unterrichtet, unklar. Auf einem den Bergzügen des Teutoburger Waldes nach Süden zu vorgelagerten Berg ließ der Käufer nach dem Brauch der Zeit eine Burg aus Stein errichten, die R a v e n s b u r g. Sie liegt in der Nähe des späteren Kleinstädtchens Borgholzhausen und gab bald dem ganzen Ländchen seinen Namen.

Etwa 60 Jahre später verlagerte der damalige Graf von Calvelage, mit Namen Otto (I.) seinen „Regierungssitz" vom Norden auf diese Ravensburg und nannte sich fortan „Graf von Ravensberg". Vermutlich hatten er oder seine Vorgänger inzwischen bereits die zunächst noch sehr kleine Grafschaft durch Käufe oder andere Erwerbsmöglichkeiten vergrößert. Sie war noch nicht sehr groß, aber sie hatte durch ihre Lage manche Vorteile.

Ihr Gebiet lag ziemlich zentral zwischen den Bistümern Minden, Münster, Osnabrück und Paderborn, deren Bischöfe zu dieser Zeit schon recht beachtliche Gebiete als Landesfürsten beherrschten, sowie der Grafschaft Lippe, damals schon ein sehr wichtiges Territorium in Nordwestdeutschland.

Je nach der politischen Lage konnte sich der Ravensberger Graf mal zur einen, mal zur anderen Seite in den damals üblichen machtpolitischen Kontroversen dieser Bischöfe halten und damit einerseits seine Unabhängigkeit erhalten, aber andererseits auch eine Vergrößerung seines Territoriums erreichen. Im frühen 13 Jahrhundert gehörte der Graf von Calvelage-Ravensburg bereits zu den mächtigsten Territorialherren in Nordwestdeutschland.

Die weitere Entwicklung der Grafschaft Ravensberg kann hier nur ganz kurz skizziert werden, damit der Leser den Anschluss an die spätere Geschichte Deutschlands finden kann. Im Jahr 1226 wurde das Gebiet der Grafschaft zwischen zwei Brüdern geteilt: der eine erhielt die alten Besitzungen in Norddeutschland, sowie das Land um Vlotho an der Weser, der andere die im Süden am Teutoburger Wald. Um 1250 wurde in der damals bereits entstehenden Stadt Bielefeld die Sparrenburg gebaut, die bald zum Sitz der Grafen wurde. 1346 starb das Grafenhaus aus und wurde beerbt von den Herzögen von Jülich, später von denen von Berg und noch später von den Kurfürsten von Brandenburg. Seit 1614 gehörte das Gebiet zum Besitz der Hohenzollern aus der Mark Brandenburg und später Preußen.

Doch was hat dieser Ausflug in die hochmittelalterliche Geschichte mit dem Thema dieses Buches zu tun, der (zu vermutenden) Abstammung Widukinds und vieler seiner adligen Zeitgenossen unter den Sachsen von Sarmaten?

Das liegt an der Herkunft der Erwerber dieses Landstrichs, der Grafen von Calvelage. Denn das heute winzige Dörfchen dieses Namens im heutigen Landkreis Cloppenburg liegt nur 6 Kilometer von der im vorigen Kapitel beschriebenen „Drantumer Mühle" entfernt, dem Begräbnisplatz für hunderte von sarmatischen Adligen über mehrere Jahrhunderte. Dort auf diesem Friedhof m ü s s e n auch die Vorfahren des Grafen von Calvelage beigesetzt worden sein, der das Land um die Ravensburg am Teutoburger Wald erwarb.

Es lässt sich nach historischen Gesichtspunkten nicht klären, ob diese Grafen direkte Abkömmlinge der „Widukinde" waren; der Sippe, der der berühmte Herzog entstammte. Vielleicht waren es auch nur entfernte Verwandte. Aber alles deutet darauf hin, dass auch die Grafen von Calvelage im Ravensberger Land sarmatische Ahnen hatten. Schriftliche Quellen dazu gibt es allerdings natürlich nicht.

Diese Adligen müssen sich in den Jahrhunderten zwischen Karls dem Großen und der Zeit des Stauferkaisers Friedrich „Barbarossa" ihren Aufstieg in das obere Drittel der „Lehnspyramide" erkämpft haben, die sich ab dem frühen Hochmittelalter in Deutschland (und auch in anderen europäischen Staaten) entwickelte.

Unterhalb des Kaisers des „heiligen Römischen Reiches", der zugleich König des „ostfränkischen Reiches" war, der die Spitze bildete, standen die Herzöge und die Erzbischöfe der katholischen Kirche, die ebenfalls mächtige Landesherren waren. Eine Stufe darunter fanden sich die Grafen und andere „souveräne" Landesherren, die einem Herzog oder Bischof ihren Lehnseid geleistet hatten, darunter andere Adlige, und unter denen dann die Masse der abhängigen Bauern in ihren Dörfern, die wiederum den Rittern zu Gefolgschaft und Dienstleistung verpflichtet waren. Die ständische Ordnung des ausgebildeten Lehnswesen beherrschte das ganze Hochmittelalter, ja noch die frühe Neuzeit in Mitteleuropa. Sehr wahrscheinlich war sie wenigstens zum Teil ein Erbe der Bräuche im Volk der Sarmaten, aber das kann hier nicht näher untersucht werden.

Vielleicht hatte der Erwerb des Territoriums um die spätere Ravensburg am Teutoburger Wald durch die Grafen von Calvelage doch etwas zu tun mit der letzten Ruhestätte des Herzogs Widukind in Enger. Warum suchten die Grafen aus dem Oldenburger Land ein neues Gebiet gerade in deren Nähe ? Denn dieser Ort Enger wurde sehr schnell in das Territorium der Grafschaft Ravensberg einbezogen. Von den sonstigen engen Verbindungen gerade zwischen dem Ravensberger Land und dem Gebiet des späteren „Volks der Sachsen" im nordwestdeutschen Tiefland war ja schon im vorigen Kapitel dieses Buches die Rede.

13. Was manche Wappen verraten können

Von Bedeutung scheint das W a p p e n der Grafen von Calvelage zu sein, das sie offenbar aus der Heimat nahe der unteren
Weser nach Westfalen mitbrachten.

Doch bevor darauf näher einzugehen ist, muss etwas Erstaunliches aus der Geschichte der Heraldik erklärt werden. Die Fachleute für die edle Wappenkunst erklären fast einstimmig, v o r
dem Beginn des 11. Jahrhunderts habe es so etwas wie Zeichen
auf den Holzschilden der Ritter, die ihre Herkunft anzeigten,
nicht gegeben.

Der Autor dieses Buches behauptet nun aber nach seinen langen Forschungen zum Volk der Sarmaten, dass diese bereits im
Altertum, lange vor der Zeitwende, sichtbare Abzeichen zur Unterscheidung ihrer Herkunft gehabt hätten. Und wichtiger noch:
Diese Abzeichen haben sich über viele Jahrhunderte und noch
viel mehr Generationen in einzelnen Adelsfamilien erhalten und
sind dann in der Zeit der bunten Wappenschilde in entsprechende
Gemälde auf den Holzschilden umgewandelt und somit für die
Nachwelt bewahrt worden.

Im heutigen Bundesland Niedersachsen spielen solche Wappen
keine große Rolle, im Gegensatz zu anderen Regionen Deutschlands. In anderen Bänden dieser Buchreihe werden daher diese
interessanten Indizien für die Existenz von Sarmaten in unserer
Heimat ausführlicher behandelt. H i e r muss eine Kurzdarstel-
lung genügen, damit der Leser die Ausführungen über das Wappen der Grafen von Calvelage-Ravensberg verstehen kann.

Aus zahlreichen Anzeichen muss man schließen, dass die Adligen der Sarmaten wenigstens in Kämpfen zu Pferde über ihrer
Eisenrüstung einen Wollmantel trugen, der in bunten Mustern
gewebt war. Diese Mäntel dienten wohl hauptsächlich dazu, im

Kampfgetümmel den Ort anzuzeigen, wo der Adlige sich gerade befand, so wie später im Mittelalter und noch der Neuzeit eine Fahne den Ort des jeweiligen Befehlshabers sichtbar machte. Und diese Muster scheinen sich zwar nicht nach den Familien der Adligen unterschieden zu haben, wohl aber nach den verschiedenen S t ä m m e n des großen Volks der Sarmaten.

Die Adligen aus dem Stamm der J a z y g e n hatte ein Muster aus abwechselnden Reihen roter und weißer Karos auf ihrem Mantel. Interessanterweise nennt die Heraldik in ihrer Fachsprache dieses Muster „geschacht", was als Wort aber nicht vom Schachspiel stammen kann, sondern viel eher vom sarmatischen Wort für den Adel: „Schah" !

Die Edlen vom Stamm der R o x o l a n e n trugen einen dunkelblauen Mantel; nur die höchsten Fürsten unter ihnen durften darauf kleine goldene Schmuckstücke in Form von Zikaden oder Bienen anbringen. Der Stamm der T u r k e r e r hatte halb schwarze, halb gelbe Mäntel. Es gab wahrscheinlich noch andere kleinere Stämme mit anderen Abzeichen.

Voraussetzung für das Überleben solcher Adelsabzeichen war natürlich, dass die Familien, deren Männer sich im Kampf damit schmücken durften, ununterbrochen im Mannesstamm von der Antike bis ins hohe Mittelalter existierten. Das scheint aber bei vielen sarmatischen Adelsfamilien der Fall gewesen zu sein.

Im Hochmittelalter gelang es dann etlichen dieser Familien, zu „Landesherrn", etwa einer Grafschaft, zu werden, die dann nach dem Brauch der Zeit auch das Wappen ihrer Herrschaft erhielt. Und auch nach dem Aussterben der ursprünglichen Gründerfamilie behielt dann dieses Territorium das Wappen seiner Gründer. So haben viele heutige G e m e i n d e n oder Regionen die Zeichen der alten sarmatischen Stämme bewahrt. Man muss diese Zusammenhänge nur kennen, um aus den h e u t e noch benutzten Wappen etwas über die Geschichte des angeblich so unbekannten Volkes zu lernen.

Rot-weiß karierte („geschachte") Wappen sind in Westfalen und auch im Rheinland, vor allem aber auch im Hunsrück und im Rhein-Main-Gebiet relativ häufig. Schwarz-gelb geteilte Wappen verraten viel über die Herrschergeschlechter, die einst dieses Zeichen trugen. Darüber wird in den anderen Bänden dieser Buchreihe berichtet.

Im Verbreitungsgebiet der „neuen" Sachsen, d.h. in Nordwestdeutschland, scheinen die sarmatischen Adelsgeschlechter, die dorthin gelangten, ihre Abzeichen nicht weitergegeben zu haben; warum weiß man nicht. Aber es gibt ja genügend andere Indizien.

Immerhin; die „seven Schaken", die keineswegs nur der Sage nach die Stadt Antwerpen an der Schelde gründeten (siehe Kapitel 8), hatten „geschachte Wappen" mit rot-weißen Karos, aber auch in anderen Farben, wie flämische Heimatforscher herausgefunden haben. Und diese Geschlechter kamen ja, wie man annehmen muss, aus dem heutigen Niedersachsen. Das heutige Bundesland Bremen hat zwar nicht ein Wappen, aber eine F a h n e , in der rote und weiße Karos sich abwechseln. Wissen die bremischen Lokalhistoriker, woher dieses Zeichen kommt ?

Die Grafschaft Ravensburg erhielt allerdings ein Wappen, das zwar auch die Farben Rot und Weiß zeigt, aber nicht „geschacht" ist. In der Sprache der Heraldiker wird es so beschrieben: in Weiß drei rote übereinander stehende Sparren. Ein Wappen der offenbar nur kurzlebigen Grafschaft Calvelage kennt man nicht.

Das deutsche Wort „Sparren" wird von den Wörterbüchern als „schräger Dachbalken" umschrieben, mit deren Hilfe auf Holzhäusern das Dach errichtet wurde. In der Natur kommt eine Form wie der Sparren nicht vor. Hatte der heraldische Sparren sein Vorbild im Hausbau ? Jedenfalls ist es schon auffallend, dass die

Grafen von Calvelage nicht die üblichen Löwen oder Adler in verschiedenen Formen und Farben als Wappenbild benutzten, sondern diese Figur.

Könnte es sein, dass die sarmatischen Adligen, die von dem Dörfchen im Oldenburger Land aus eine zeitweise mächtige Grafschaft zusammenheirateten oder sonst (offenbar meist friedlich) erwarben, dieses Wappenzeichen aus der Tradition ihres Volkes mitbrachten?

Die hier wiedergegebenen Vermutungen sind vielleicht noch mehr als viele andere in diesem Buch unbewiesene (und unbeweisbare) Spekulation, aber sind nicht auch sie durchaus plausibel?

Nach den bisherigen Erkenntnissen des Autors sind ja sarmatische Adlige aus Westfalen nach Norddeutschland gezogen, die sich als Angehörige des alten Stammes der Jazygen empfanden und daher wenigstens die Farben Rot und Weiß als „Leitfarben" benutzten.

Könnte es innerhalb dieses Stammes Familien gegeben haben, die als noch „höherrangige" Adlige ein anderes Zeichen als die rot-weißen Karos auf ihren Mänteln trugen? Gemeint ist das Zeichen der Sparren, und zwar von drei solcher Symbole übereinander. Man behaupte nicht, zu solchen Bilddarstellungen seien die Weberinnen der Sarmaten damals nicht in der Lage gewesen. So primitiv war die Webtechnik selbst bei diesem „barbarischen" Volk damals gewiss nicht mehr.

Da die geometrische Form des Sparrens damals nur beim Hausbau zu beobachten war, bietet sich als Erklärung an, dass sie einem „Hausvorstand" zustand. Drei Sparren übereinander wären dann das logische Symbol für das Oberhaupt eines Dorfes.

Hier muss daran erinnert werden, dass die Sarmaten ja eine Sprache aus der großen Familie des Indoeuropäischen benutzten. Die Sprachwissenschaft ist sich einig, dass bereits Menschen, die eine „Ur-Form" dieser Sprache benutzten, tausende von Jahren v o r dem Erscheinen von Sparren auf Adelswappen im Ravensberger Land, Holzhäuser mit aufgerichteten Dächern, Dörfer aus solchen Häusern und Häuptlinge solcher Dörfer kannten. Man hat das mit der so genannten „linguistisch-kulturhistorischen Methode" erschlossen, indem man Worte mit ähnlichem Klang und ähnlicher Bedeutung aus möglichst vielen alten Sprachen dieser Familie verglich [20].

In der vermuteten „Ur-Heimat" der Sarmaten irgendwo im Steppengürtel Südrusslands oder Kasachstans muss es in der Frühzeit auch dieses Volkes Dörfer mit Holzhäusern gegeben haben, in denen die Menschen lebten, als sie ansässige Ackerbauer und Kleinviehzüchter geworden waren. Aus dieser Zeit könnte – oder müsste ? – der hervorgehobene Rang eines „Dorfoberen" stammen, der sich im „Mantel mit drei Sparren" den eigenen oder fremden Kriegern kundtat.

Doch irgendwann hatten die Vorfahren der Sarmaten diese sesshafte Lebensweise aufgegeben, sie hatten gelernt, ihre Pferde als Reittiere zu nutzen, hatten große Herden von Rindern, Schafen und Pferden angesammelt und ein Leben als Wanderhirten begonnen (siehe dazu oben S. 9). Seit dieser Zeit konnte es bei den Sarmaten keine „Dörfer" mehr gegeben haben, wenigstens keine mit festen Häusern, in denen Dachsparren eingebaut waren.

Wenn Historiker diese Erklärung lesen und bereit sind, sie zu akzeptieren, werden sie aber sofort einwenden: Diese Umstellung einiger indoeuropäischer Völker auf die Lebensweise als

---

[20] Siehe hierzu Genaueres im Buch des Autors „Die Indoeuropäer", Beltheim-Schnellbach 2012, S. 49 - 53

Reiter und Wanderhirten geschah knapp 1000 Jahre v o r der Zeitenwende. Wenn man bis zum Jahr 1100 n a c h Christi Geburt weiter rechnet, als das Sparrenwappen der Grafen von Calvelage-Ravensberg erstmals in der Geschichte sichtbar wurde, sind das über zwei Jahrtausende, die ein solches „Adelszeichen" durch fast hundert Generationen in der ausschließlich mündlich überlieferten Tradition eines Volkes hätte überdauern müssen.

Das aber ist nach Überzeugung der meisten Historiker ausgeschlossen. Denn sie als Kinder des „schriftlichen Zeitalters" können sich nicht vorstellen, dass Menschen wichtige Dinge ausschließlich mündlich, ohne Hilfe der Schrift, an ihre Nachkommen weitergeben konnten, wenigstens nicht für mehr als zwei oder drei Generationen. Die moderne „Oralitäts-Forschung", die Beschäftigung mit der Weitergabe menschlichen Wissens in den Zehntausenden von Jahren o h n e Schrift, hat jedoch längst viele Beispiele erbracht, wonach wichtige Ereignisse oder wichtige Bräuche über hunderte von Generationen tradiert werden konnten, ohne das Medium der Schrift. Diese Oralitätsforschung ist bezeichnenderweise vorzugsweise in England und USA anzutreffen, weshalb sie im Fachjargon „oral history" oder „oral poetry" heißt. An deutschen Universitäten fristet diese „Oralitätsforschung" nur ein bescheidenes Nischendasein.

Im konkreten Fall mag tatsächlich bald von den Trägern der „Drei-Sparren-Mäntel" die Herkunft des Zeichens von Häusern und Dörfern vergessen worden sein, nicht aber die Bedeutung als Zeichen für einen hohen Adelsrang. So konnten sich im hohen Mittelalter die drei roten Sparren auf weißem Feld ihren Platz auf den Wappen der Ravensberger Grafen sichern.

Allerdings war Voraussetzung für die durchgehende Erinnerung an die Bedeutung dieses Zeichens, dass die Familien, die es benutzen durften, sich im M a n n e s s t a m m so lange halten konnten. Das war über diesen langen Zeitraum keineswegs selbstverständlich. W e n n das Zeichen der drei Sparren tatsächlich eine Auszeichnung für einstige „Dorfhäuptlinge" war, wie vermutet, dann müsste es davon im sarmatischen Volk oder Stamm der Jazygen ursprünglich etliche, ja viele davon gegeben haben.

Doch wenn, wie es scheint, bis etwa zum Jahr 1200 nur noch e i n e Adelsfamilie im „ostfränkischen Königreich" das Anrecht auf dieses sichtbare Zeichen ihres hohen Ranges hatte, dann lässt das umgekehrt auf ein starkes Schwinden solcher Familien in rein m ä n n l i c h e r Linie schließen. Das sarmatische Blut starb damit nicht aus, wohl aber die Familientraditionen in diesem stark von patriarchalischen Vorstellungen geprägten Volk.

Dieses Wappen der drei Sparren hatte übrigens noch einen weiteren „Ausläufer" innerhalb Deutschlands. Ein Spross aus der Familie der Ravensberger Grafen muss am Ende des 12. Jahrhunderts (zwischen 1183 und 1190 – genauer können Genealogen es nicht angeben) - mit der Reichsburg Eppstein im Taunus belehnt worden sein, die es jedoch schon vorher gab. Nachkommen dieses kaiserlichen Lehnsmannes nannten sich dann Grafen von Eppstein. Sie führten das gleiche Wappen wie die Ravensberger Grafen, und das war ein sicheres Zeichen, dass sie aus deren Familie stammten. Denn die heraldischen Regeln hätten die willkürliche Nutzung eines fremden Wappens nicht erlaubt.

Das Haus der Grafen von Eppstein erlosch im Jahr im Jahr 1581 und hatte bis dahin dem Erzbistum und zugleich Kurfürstentum Mainz vier wichtige Oberhirten gestellt.

14. Was hatten Widukinds Ahnen mit Alexander zu tun ?

Die Schriftquellen aus dem 9. und 10. Jahrhundert, die in diesem Kapitel eine Rolle spielen, sind der Geschichtsforschung seit langem bekannt; sie wurden mehrfach aus dem Lateinischen ins Deutsche übersetzt, kommentiert und untersucht. Denn man meinte, in ihnen etwas über die Frühgeschichte der Sachsen erfahren zu können. Was die Historiker des Mittelalters unbesehen darin glaubten, haben die Historiker des 19. und 20. Jahrhunderts ebenso unbesehen n i c h t geglaubt. Sie haben versäumt, „dicke Bretter zu bohren" und den seltsamen Andeutungen aus dem Frühmittelalter wirklich genau auf den Grund zu gehen.

Der Mönch Widukind von Corvey, ein Ur-Ur-Enkel des sächsischen Herzogs und Historiker im 10. Jahrhundert, hat in seiner „Sächsischen Geschichte" (verfasst um 973) [21] Folgendes über die Herkunft seines Volkes geschrieben: *„Die einen glauben, die Sachsen stammten von den Dänen und Nordmannen ab, andere aber behaupten ihre Herkunft von griechischem Geschlecht, wie ich selbst in früher Jugend jemand rühmen hörte, dass sie selber angäben, die Sachsen seien die Reste des makedonischen Heeres gewesen, das dem großen A l e x a n d e r gefolgt und nach dessen zu frühem Tod über den ganzen Erdkreis zerstreut worden seien."*

Deutsche Historiker der Neuzeit haben sich fast ausschließlich mit dem ersten Teil dieser Aussage (*„Dänen und Nordmannen"*) beschäftigt, den zweiten Teil allenfalls zu *„gelehrten Erfindun-*

---

[21] Widukind, Sächsiche Geschichte; Ausgabe Phaidon, Klassiker des deutschen Altertums, übersetzt von W. Wattenbach, 1891, Buch I, Kap. 2

gen" zur Propagierung einer *„Herrschaftsideologie"* erklärt [22].
Niemand hatte sich bisher Gedanken darüber gemacht, warum
gerade dieser Name „Alexander" für die Nachkommen des Herzogs Widukind so wichtig war, dass ein Enkel dieses Mannes, ein
treuer Christ, im Jahr 851 den Leichnam eines „heiligen Alexander" mit dem Segen des Papstes eigens aus Rom in seinen Hei-
matort Wildeshausen geholt hat.

Die „Translatio Sancti Alexandri" („Überführung des Leich-
nams des Heiligen Alexander") haben zwei Mönche des Klosters
Fulda einige Jahre später in einem lateinisch verfassten Traktat
beschrieben, der ebenfalls übersetzt [23] und mehrfach kommentiert
wurde [24]. Auf dem langen Weg von Rom bis ins Oldenburger
Land habe der heilige Leichnam allein 29 wunderbare Kranken-
heilungen vollbracht, berichteten die frommen Fuldaer Mönche
ihren Zeitgenossen. Ähnliche „Überführungsberichte" mit ähnlichen Wundern gibt es noch von mehreren christlichen Heiligen
der Zeit.

In der Wikipedia-Eintragung zum Stichwort „Translatio Sancti
Alexandri" heißt es, es habe sich um eine Aktion gehandelt, *„die
einst heidnisch demonstrierte Führungsrolle der stirps* (Ge-
schlechts) *Widukinds in Sachsen christlich zu erneuern"*. Das
erscheint vom Standpunkt der Nachfahren Widukinds, inzwischen zu geradezu fanatischen Christen geworden, durchaus lo-
gisch. Die Kirche in Wildeshausen, übrigens die älteste im gan-

---

[22] W. Pohl, Zur Bedeutung ethnischer Unterscheidungen in der frühen Ka-
rolingerzeit, S. 197, in: H.J. Häßler, Studien zur Sachsenforschung 12, Oldenburg 1999
[23] Übersetzt von B. Richter, Berlin 1856
[24] Z. B. August Wetzel, Translatio S. Alexandri – eine kritische Untersuchung, Kiel 1883; sowie Bruno Krusch, Die Übertragung des H. Alexander
von Rom nach Wildeshausen durch den Enkel Widukinds 851, in: Gs. D.
Wiss., Phil.-hist. Klasse, 1933, Heft 4

zen Oldenburger Land, brauchte die wundertätige Reliquie eines Heiligen. Denn nach dem Wunderglauben der Christen jener Zeit ging etwas vom „Heil" eines Heiligen – je länger tot, desto wirksamer – auf die gläubigen Kirchenbesucher über, die einen Knochen oder einen anderen Überrest des Verehrten persönlich zu sehen bekamen.

Doch warum ein „heiliger A l e x a n d e r"? Um welchen der z w e i in der katholischen Kirche des 9. Jahrhunderts bekannten Heiligen dieses Namens es sich handelte, war völlig unklar; keiner hatte natürlich etwas mit dem Makedonenkönig Alexander zu tun. Noch heute prangt ein Kopf des „heiligen Alexander" im Wappen der Stadt Wildeshausen. Der Mönch Widukind hat übrigens die „Translatio" mit keinem Wort erwähnt. Nach 120 Jahren schon vergessen – oder war es Absicht?

Der Geschichtsprofessor Walter Pohl hat wahrscheinlich an die Parallele gedacht, dass für das „fränkische" Königsgeschlecht der Merowinger eine ähnliche „Herkunftsgeschichte" erzählt wurde: sie sollten Nachkommen der „Flüchtlinge aus Troja" nach der berühmten „Ilias" des Homer gewesen sein. Dass auch in dieser „gelehrten Erfindung" mehr steckt als eben nur dies, haben die modernen (auf einen Lehrstuhl) „berufenen" Historiker nie herausgefunden, weil sie nie bereit waren, Quellen näher zu untersuchen, die sie hätten kennen können, die sie aber nicht ernst nahmen. Im Band 6 dieser Reihe **Die Ahnen der Merowinger und ihr „fränkischer" König Chlodwig** werden diese „vergessenen Quellen" näher untersucht und ihr historischer Kern ans Licht gebracht.

Schon die Formulierung des Mönches Widukind: *„Die einen sagen... die anderen sagen..."* hätte die Historiker aufmerken lassen sollen. E r meinte nämlich verschiedene Herkünfte von z w e i der drei Stände der Sachsen des Frühmittelalters, doch sie haben nur zwei A l t e r n a t i v e n herausgelesen, von denen nur e i n e richtig sein konnte. Das musste natürlich die von der nordischen (= germanischen) Herkunft der Sachsen sein.

Dies ist eines der vielen Beispiele für das verhängnisvolle „Entweder-Oder-Syndrom" unter heutigen Wissenschaftlern: Ist eine von zwei (oder mehreren) in der Forschung behaupteten Meinungen „richtig", dann muss man sich um die anderen Meinungen nicht mehr kümmern, sie sind dann ohne Zweifel alle „falsch". Doch in sehr vielen Fällen steckt auch in diesen anderen Meinungen noch viel „Reales".

Die sich als Folge dieses „Entweder-Oder-Syndroms" ergebenden Behauptungen der Wissenschaftler (hier der Historiker) sind natürlich nur V e r m u t u n g e n, weil unwiderlegliche B e - w e i s e für die Richtigkeit nicht vorgelegt werden können. Das gilt allerdings für a l l e s, was Historiker in ihren Büchern erklären, auch für dieses. Denn selbst wenn sie passende schriftliche Dokumente vorweisen können, ist damit nicht b e w i e s e n, dass diese Dokumente sich nicht vielleicht einmal als gefälscht herausstellen können oder andere Dokumente auftauchen, die das Ganze in einem völlig anderen Licht erscheinen lassen.

Der Name „Alexander" könnte sich als letzter Rest im Gedächtnis der sarmatischen Adelskreise als Name eines Vorfahren aus einer grauen Vorzeit gehalten haben. Er wurde dann mit dem des Makedonenkönigs gleichgesetzt, den wenigstens die ganz wenigen „intellektuellen" Familien unter den Sarmaten, die Priesterfamilien, vielleicht noch irgendwie gehört hatten. Alexander der Große starb im Jahr 323 v. Chr. Doch dieser Name ist viel, viel älter.

In den Ruinen der Hauptstadt des Hethiterreiches Hattuscha haben Archäologen vor etwa drei Jahrzehnten eine Tonscherbe ausgegraben, auf der in hethitischer Sprache die Worte „Aleksandru von Wilusa" eingeritzt waren [25]. Dieser Text muss aus dem 13. Jahrhundert vor Chr. stammen; Wiluscha wird von den Fachleuten mit Troja gleichgesetzt. Auch in der „Ilias" des griechischen Dichters Homer, der ja die Belagerung und den Fall der Stadt Troja beschreibt, heißt der trojanische Prinz, der den ganzen Krieg erst ausgelöst hat, Alexander; in anderen Überlieferungen ist sein Name „Paris".

Damit soll nun nicht behauptet werden, auch die sarmatischen Adligen, die durch ihre Wanderung in die norddeutsche Tiefebene erst das Volk der „Sachsen" gründen halfen, stammten aus Troja.

Aber im letzten Jahrtausend v o r der Zeitwende m ü s s e n die Völker der Sarmaten (hier richtiger ihrer Vorfahren, der Skythen), der Phryger, der Makedonen und der frühen Griechen eng benachbart im heutigen Rumänien und in der West-Ukraine gelebt haben. Das war eine Zeit, in der sie noch ganz nahe verwandte frühe indoeuropäische Sprachen benutzten und sicher zahlreiche nachbarliche Berührungen und auch Kultur- und Sprachaustausch miteinander hatten. Der Autor dieses Buches hat sich schon vor Jahrzehnten mit dieser Zeit beschäftigt [26].

Allerdings hat die fragliche Zeit und Region bisher noch kaum Aufmerksamkeit bei den „hauptberuflichen Indogermanisten" erregt, so dass Forschungen zu den frühesten Sprachen dieser Völker völlig fehlen. Es handelt sich um Zeiten, in denen die Vorfahren der G r i e c h e n noch längst nicht in ihre späteren

---

[25] Wikipedia (2009) zum Namen Alexander
[26] In seinem Buch **„Die Hirten, die die Welt veränderten – Der vorgeschichtliche Aufbruch der Indoeuropäer"**; in 1. Auflage 1981 im Verlag Rowohlt erschienen; seitdem in mehreren weiteren Auflagen in anderen Verlagen gedruckt (unter dem Titel „Die Indoeuropäer"). Hier vor allem das Kapitel 21: Die frühesten indoeuropäischen Völker auf dem Balkan.

historischen Wohnsitze eingewandert waren. Und da sie auch noch längst nicht schreiben konnten, haben sie auch kein Forschungsmaterial für die Sprachwissenschaftler hinterlassen, die infolgedessen sich über die „v o r schriftliche" Zeit dieser Völker oder Sprachen nie Gedanken gemacht haben.

Der N a m e „Alexander" m u s s nicht ursprünglich griechisch sein. Er wird zwar von Philologen als aus dem Griechischen kommend erklärt und soll „Der Männer Abwehrende = Der Wehrhafte" bedeuten. Doch nach dem eben Erklärten könnte der Name auch in anderen verwandten „indoeuropäisch-nordbalkanischen" frühen Sprachen vorgekommen sein, also auch in der frühesten Sprache der Sarmaten.

Aus welchem Volk stammten wohl die historischen Bewohner von Troja, als es von Griechen belagert und schließlich erobert wurde ? Die Frage ist wohl nie näher aufgegriffen worden, weil die Archäologie ja nicht sicher sagen kann, ob es die durch die D i c h t u n g berühmte Belagerung überhaupt gegeben hat. Aber zumindest besteht der Verdacht, dass der Dichter Homer auf Namen aus der skythischen – oder phrygischen oder makedonischen ? – Sprache zurückgegriffen hat, wenn er Namen für Helden aus der Stadt T r o j a brauchte. D a h e r könnte er auch den Namen Alexander geholt haben, den er für einen trojanischen Prinzen benötigte.

Wie gesagt, das alles sind Spekulationen, keine B e w e i s e . Doch führen diese Spekulationen wenigstens erheblich näher an die m ö g l i c h e historische Realität heran, als die apodiktischen Behauptungen der Historiker, die die Erinnerung eines „Sachsen" des 10. Jahrhunderts n. Chr. aus der Adelsklasse (Widukind von Corvey) einfach zu *„gelehrten Erfindungen"* erklärt haben.

15.   Die Religion der „Sachsen"

Wenn Historiker ehrlich sind, müssten sie zugeben, dass sie über die Religion der Sachsen zur Zeit ihres Kampfes gegen den fränkischen König Karl nichts wissen außer dem, was eben dieser Karl in seinen „Kapitularien" (Gesetzen) den Sachsen verboten hat: „Wer dies oder das tut, ... wird mit dem Tode bestraft".

Mit der Todesstrafe bedroht wurden die Sachsen, wenn sie Pferdefleisch aßen, wenn sie einen Toten verbrannten, statt ihm ein Erdbegräbnis zu geben, wenn sie sich nicht taufen ließen und wenn sie nicht in einem Eid ihren alten Göttern „Wodan und Sachsnoth" abschworen ...

Deutsche Historiker und Religionshistoriker greifen für ihre Kenntnisse der Religion der „natürlich" germanischen Sachsen auf die Edda zurück. Dieses großartige Werk beschreibt in altnordisch-isländischer Sprache ziemlich genau das, was Germanen an Göttern kannten und welche „Erlebnisse" ihr Glaube im Laufe der Zeit diesen Göttern und ihren Familien „angedichtet" hatte. Die „Edda" ist nahezu die einzige Quelle für die Religion der Germanen vor ihrer Christianisierung.

Doch meist wird bei dieser „Anwendung" der Edda auf die Religion der Sachsen vergessen, dass diese S c h r i f t quelle erst im 13. Jahrhundert nach Christus zu Papier (in Wirklichkeit zu Pergament) gebracht wurde, mehr als zweihundert Jahre, nachdem auch die germanischen Isländer Christen geworden waren. In Island war man allerdings sehr viel toleranter gegenüber der alten Religion als in Mitteleuropa und erinnerte sich durchaus mit Ehrfurcht – und nicht mit Abscheu – an die alten Götter.

Doch wie viele unbewusste Einflüsse des Christentums oder gar anderer alter Religionen oder frühmittelalterliche Zaubervorstellungen mögen in die Stabreime oder Prosaerzählungen der

Edda eingeflossen sein ? Sorgfältige Religionsforscher sind daher heute ziemlich vorsichtig bei der Anwendung der Edda auf die Religion der Germanenvölker Mittel- und Südosteuropas.

Tatsächlich weiß man über den religiösen Glauben der Goten oder Burgunder oder Vandalen oder Bajuwaren v o r ihrer Christianisierung noch viel weniger als über den der Sachsen. Bei den Goten und anderen Germanen, die vor der Völkerwanderung im nördlichen Teil der Balkanhalbinsel ansässig waren, erfolgte die Bekehrung zum Christentum schon ziemlich früh, allerdings zu der von der katholischen Kirche aufs Schärfste bekämpften Version des „Arianertums". Der römischen Kirche ist es nach ihrem Sieg über diese „Ketzerei" gelungen, a l l e Erinnerungen an eine christliche Kirche anderer Prägung als ihrer eigenen aus den schriftlich und mündlich überlieferten Erinnerungen zu tilgen, bis auf den Namen.

Wenn man zwei der Verbote Karls für die Sachsen genauer unter die Lupe nimmt, wird man feststellen, dass sie eigentlich gar nicht für a l l e Sachsen gegolten haben können.

Das Verbot, Pferdefleisch zu essen, hat zumindest in Deutschland bis heute im Unterbewussten gewirkt. „Pferd" ist für die allermeisten Deutschen nicht als Braten vorstellbar und ruft wahrscheinlich bei sehr vielen ein Gefühl des Ekels hervor, ganz im Gegensatz zu den Franzosen.

Für die sarmatischen Adligen im n e u entstandenen Volk der Sachsen waren Pferde nicht nur der wertvollste Besitz, sondern sie waren ihnen auch „heilig". Das ist ja eindeutig an den zahlreichen Pferdegräbern abzulesen, die sie überall dort hinterlassen haben, wo eine bedeutendere Adelsfamilie für längere Zeit ansässig geworden war (siehe oben Kapitel 3). Hengste wurden als religiöses O p f e r für die verstorbenen Oberhäupter adliger Familien in ihrer Nähe beigesetzt.

Diese Pferdeopfer wurden natürlich nicht gegessen, aber es ist kaum anders vorstellbar, dass zu anderen Anlässen ein Pferd als Opfer geschlachtet und sein Fleisch gebraten und in viele Portionen verteilt an die Mitglieder der Adelsfamilien ausgegeben wurde. D i e s e Art religiöser Zeremonien wollte Karl der Große mit seinem Verbot des Pferdefleisch-Essens unterbinden.

Vielleicht erinnerten sie die damaligen Theologen der christlichen Kirche zu sehr an das „Opfer" im christlichen Gottesdienst, bei dem ja „der Leib Christi" – in wunderbarer Weise durch die Worte des Priesters in die dem gläubigen Christen in der Messe dargebotenen Brotbröckchen verwandelt – ebenfalls den Gläubigen dargeboten wird.

Doch in diesem Buch wurde schon an mehreren Stellen betont, dass nach allem, was man vermuten muss, die Adligen aus dem Volk der Sarmaten gar nicht darauf aus waren, ihren religiösen Glauben auf die ihnen inzwischen untertänig gewordenen Bauern auszubreiten. So muss man wohl annehmen, dass die „germanischen" Sachsen, das heißt die freien Bauern, die ja bei den Sachsen einen eigenen Stand bildeten, ihre alte Religion völlig ungestört ausgeübt haben. Wie sie genau aussah – wer weiß das wirklich?

Was die Franken als erbitterte Feinde der Sachsen aber wahrnahmen, waren die Pferdeopfer des sächsischen A d e l s . Die wollten sie verbieten, und auf die Dauer hat dieses in die Köpfe der späteren Sachsen (und schließlich fast aller Deutschen) eingepflanzte Tabu ja auch gewirkt.

Auch das Verbot, Verstorbene zu v e r b r e n n e n , kann eigentlich nur die s a r m a t i s c h e n Mitglieder des neuen „sächsischen" Volkes betroffen haben. Wie oben näher begründet (S.14), wurden die Adligen dieses Volkes – vielleicht auch nur die älteren Männer und Familienoberhäupter aus diesem Stand – wegen der in ihnen wohnenden „natürlichen Reinheit" unverbrannt bestattet. Vermutlich die Frauen und jüngere Familienangehörige, wohl auch die wichtigen Mitglieder eines adligen Haushalts aus dem unteren Stand mussten nach ihrem Tod verbrannt werden, um ihnen die notwendige „Reinheit" für ihr weiteres „Leben in der Anderswelt" zu geben.

Germanische Völker der gleichen Zeit haben, soweit dem Autor bekannt, ihre Toten im allgemeinen unverbrannt bestattet. Jedenfalls ist das aus den zahllosen „Reihengräberfeldern" des mitteleuropäischen Frühmittelalters zu schließen, die deutsche Archäologen inzwischen ausgegraben haben. Dann müsste man eigentlich annehmen, dass dieser Brauch auch für den Stand der „freien Bauern" und der „Liudi" beim neuen Volk der Sachsen gegolten hat.

Wahrscheinlich würde wohl eine sorgfältige Untersuchung derartiger Fundstätten im Bereich der „Pferdegräber" in Norddeutschland – also dem vermuteten Wohngebiet der „neuen" Sachsen – einen völlig anderen Zusammenhang ergeben, als die bisherige Geschichtsforschung annimmt.

Es gibt eine berühmte Abbildung des germanischen Gottes Wodan (oder Odin in nordischen Sprachen) auf einem alten Bildstein aus Schweden. Dort reitet er auf einem a c h t beinigen Pferd, begleitet von zwei Wölfen und zwei Raben. Merkwürdig, das will eigentlich so gar nicht zu den Beschreibungen Odins in der Edda passen, wohl aber zu Bilddarstellungen der Hunnen und Chinesen, die Archäologen aufgefunden haben. Irgendwie könnte diese Vorstellung aus dem Osten des Doppelkontinents Eurasien gekommen sein.

Doch dazu müssten sich bessere Fachleute, als es auf diesem Gebiet der Autor ist, genauere Gedanken machen. Wie kam diese Darstellung des Gottes als R e i t e r mit den sarmatischen Adligen zu den „freien" sächsischen Bauern ? Denn diese Adligen waren vermutlich fast immer zu Pferd unterwegs, wenn sie größere Wege zurückzulegen hatten.

Eine kurze Einfügung zur Bedeutung der Pferde – in diesem Zusammenhang eigentlich nicht zum Thema der R e l i g i o n der Sachsen gehörig – ist hier angebracht. Auch für die Sachsen, die dann nach heutiger Ausdrucksweise „Niedersachsen" wurden (ohne dadurch ihre Art, ihre Sprache und ihre Vorfahren zu ändern), dürften die Pferde ihrer Adligen im Laufe der Zeit sehr wichtig und „heilig" geworden sein.

Nur so ist es zu erklären, dass auch bei ihnen ein weißes Pferd als Wappenzeichen auftauchte, als Bilder auf den Schilden der Ritter und als Symbole für eine Landesherrschaft unverzichtbar wurden. Es heißt, dass ein Herzog von Braunschweig im 13. Jahrhundert das Wappen mit dem weißen springenden Pferd annahm, das zuvor schon als Landessymbol für das am Ende des 12. Jahrhunderts neu geschaffene „Herzogtum Westfalen" unter Herrschaft des Erzbischofs von Köln gegolten hatte (siehe im Band 2 dieser Buchreihe **„Die Westfalen und ihr weißes Ross"** Kapitel II.12) .

Danach ging das Symbol zunächst wieder unter, da andere Herzöge, Kurfürsten und Könige mit ihren andersartigen Wappen sich die Herrschaft im heutigen Land Niedersachsen teilten. Erst als nach dem Ende des 2. Weltkriegs in Norddeutschland die Landesgrenzen neu gezogen wurden, nahm das damals neu geschaffene Land Niedersachsen das weiße springende Ross in sein neues Landeswappen auf – bewusst in Anknüpfung an das gleiche Symbol im Wappen der alten Provinz Westfalen, dem Land, aus dem die Vorfahren der sächsischen Adligen einst gekommen waren.

Noch einmal zurück zum germanischen Gott Odin, wie der Name in den skandinavischen Sprachen lautet. Der isländische Gelehrte und Sagensammler Snorri Sturlusson hat im 13. Jahrhundert – etwas nach der Niederschrift der Edda – eine im Zusammenhang mit der Religion der „Sachsen" hoch interessante Sage aufgeschrieben.

„Sage" ist hier als eine Erzählung zu verstehen, die über Jahrhunderte und entsprechend viele Generationen ausschließlich mündlich weitergegeben wurde, weil sie nach Meinung der Erzähler Wichtiges über die Vergangenheit enthielt, was die Nachkommen wissen sollten. Diese Art der „Geschichtserzählung" hat es wohl in allen Völkern gegeben, bevor sie die Kunst erlernten, Worte auf einem Medium in Schriftzeichen zu fassen und diese wieder zu lesen. Im Laufe der erst vor wenigen Jahrzehnten aufgenommenen Forschungen zu dieser „oralen Geschichtsüberlieferung" konnte in zahlreichen Fällen nachgewiesen werden, dass mindestens „Kerne" dieser Erzählungen sich über viele Jahrhunderte richtig gehalten haben, wenn auch im Laufe der Zeit manche Veränderungen am Wortlaut der Überlieferungen aufgetreten sind.

Snorri Sturlusson berichtete nun nach den Erzählungen, die isländische Bauern von ihren Großvätern und diese von ihren Großvätern gehört hatten, dass es einst einen Häuptling Odin gegeben habe, der mit seinem Volk am Fluss Don in der Nähe des Schwarzen Meeres gelebt habe. Dieses Meer war übrigens den Isländern als Nachkommen der Wikinger durchaus vertraut, wenigstens als geographischer Begriff. Später sei dieser Odin mit seinem Volk nach „Groß-Schweden" (Russland) und „Sachsen" (Norddeutschland) gezogen. Seine Söhne hätten dort mehrere Reiche gegründet. Odin selbst sei aber in Schweden bei Uppsala gestorben und dort unter einem großen Grabhügel beigesetzt worden. Diesen Grabhügel zeigt man Touristen übrigens heute noch in Uppsala !

Die deutsche Religionswissenschaftlerin Britta Verhagen behauptete in einer Untersuchung dieser Sagenerzählung [27], es habe sich bei diesem von Sturlusson als Mensch geschilderten Gott um einen „skythisch-sarmatischen Einfluss" auf den germanischen Glauben gehandelt. Ein skythischer Einfluss ist aber wegen des frühen Erlöschens dieser Kultur (4. – 2. Jahrhundert v o r Christi Geburt) unmöglich. Viel wahrscheinlicher ist jedoch ein s a r m a t i s c h e r Einfluss in der Zeit des 5. und 6. Jahrhunderts n a c h der Zeitenwende, wie er in diesem Buch (und in den anderen Bänden dieser Reihe) ausführlich beschrieben worden ist.

---

[27]   Britta Verhagen, Kam Odin-Wodan aus dem Osten ? Zur Religion der germanischen Frühzeit , Tübingen 1994

III.

Das Erbe eines vergessenen Volkes

1. Sarmaten fast überall in Europa

Die zweite Hälfte des 5. Jahrhunderts n. Chr. war die Phase, in der sich zahlreiche größere oder kleinere Gruppen von Sarmaten sich aus ihrer damaligen Heimat in der pannonischen (ungarischen) Puszta in fast alle Himmelsrichtungen zu bewegen begannen. Sie flohen vor den unaufhörlichen Kriegen der Germanenvölker in ihrer Nachbarschaft. Eine dieser Gruppen kam bereits um 455 nach Westfalen; aber ein Teil der Nachkommen dieser Einwanderer zog dann knapp zwei Jahrhunderte später weiter nach Norden. Das zu belegen, war das Ziel dieses Buches.

Fast zur gleichen Zeit wie die ersten Auswanderer nach Westfalen haben sich offenbar Angehörige eines anderen Stammes, der Roxolanen, aus der so unruhig gewordenen ungarischen Puszta aufgemacht und in T h ü r i n g e n eine neue Heimat gesucht. Das ist genauer, auch mit Hinweisen auf Fachliteratur, im Band **4** dieser Buchreihe **„Thüringen war einmal ein Königreich – und die Könige kamen aus der Fremde"** dargestellt.

Wieder nur wenige Jahre danach verschlug es Teile eines weiteren sarmatischen Stammes, der Turkerer, in das heutige S c h w a b e n land nach Südwestdeutschland. Dies wird im Band **5** näher beschrieben: **„Die Schwaben – ein neuer deutscher Volksstamm ganz verschiedener Herkunft"**.

Ein knappes Jahrhundert v o r der sarmatischen Auswanderung nach Westfalen, und auch noch kurz v o r dem so verderblichen Auftreten der Hunnen in Europa, hatte bereits ein sarmatischer Draco einen weiten Weg angetreten. Er führte ihn vom Donauufer beim heutigen Budapest über Thüringen und den römischen Limes bei Xanten bis nach Nordfrankreich, und seine Anführer sollten zu den Vorfahren der späteren Merowinger-Könige werden. Dieser Zug hatte völlig andere Ursachen als die in diesem und den anderen Büchern der Reihe beschriebenen Wanderungen. Doch er hatte die bedeutsamsten Folgen, denn in der Folge entstand daraus das „Reich der Franken". Die Schicksale dieser Sarmaten werden im Band 6 **„Die Ahnen der Merowinger und ihr ‚fränkischer' König Chlodwig"** näher beschrieben.

In der Epoche zu Beginn der „germanischen Völkerwanderung", um 407 n. Chr., hatten sarmatische Gruppen die Wanderungen der germanischen Völker der Vandalen, Sueben und anderer bis an den Rhein begleitet. Dann waren sie aber im Raum um Mainz am mittleren Rhein „hängen geblieben" und hatten sich mit ihren Herden in der für längere Zeit herrschaftslosen Landschaft niedergelassen. Hierzu ist Genaueres im Band 1 dieser Reihe **„Sarmaten – Unbekannte Väter Europas"** dargestellt.

Die z w e i t e Hälfte des 5. Jahrhunderts nach Christi Geburt muss jedoch in ganz O s t europa Völkerbewegungen gesehen haben, deren Ausmaß und Bedeutung sich erst ganz allmählich der Geschichtsforschung erschließt, wenigstens der in Deutschland und Westeuropa. Sie begannen bereits vor den Zügen nach Mitteleuropa, hatten aber möglicherweise die gleiche Ursache.

Denn offenbar zog es in dieser Zeit die einstigen Herren der pannonischen (ungarischen) Puszta, die Sarmaten, a l l e s a m t aus diesem Land heraus, das bisher seinen großen Viehherden so gute Weideflächen geboten hatte. Die Unruhe hier, hervorgerufen durch die ständigen Kriege der germanischen Nachbarvölker, wollte nicht enden. Und die wohl ziemlich vereinzelt lebenden

Sarmaten sahen sich nicht in der Lage, den Germanen effektiv Widerstand zu leisten. So löste sich dieses einst so große Volk allmählich in lauter kleine Bestandteile auf und verschwand dadurch aus der Geschichte.

Wann genau die Wanderung von Sarmaten nach Norden geschah, in die Gegend, die heute zwischen Polen, der Slowakei und der Ukraine geteilt ist und im Mittelalter Galizien hieß, ist unklar. Dort nördlich des Karpaten-Gebirges scheint ein sehr früher n e u e r „Wohnsitz" von Sarmaten und ihren Herden gewesen zu sein, am Rande des damaligen Lebensraums der S l a w e n.

Dieses Volk, ebenfalls mit einer indoeuropäischen Sprache, aber doch kulturell erheblich anders als die Sarmaten, begann zu gleicher Zeit seine Wanderungen. Diese führten Teile davon weit nach Süden, in die Balkan-Halbinsel hinein bis nach Griechenland, und gleichzeitig nach Norden, Westen und Osten. Diese „Völkerwanderung" der Slawen kann hier nicht näher betrachtet werden, doch es scheint, dass zumindest einige der slawischen Stämme auf ihren Zügen von Gruppen sarmatischer Hirten begleitet worden sind. Im Lauf der Zeit wurden dann deren Adlige zu Anführern der slawischen Bauern und Fischer.

Das dürfte so gewesen sein bei den späteren P o l e n , aber auch bei den K r o a t e n, die wohl von Galizien aus im 6. Jahrhundert an das Nordende der Adria wanderten und dort einen eigenen Staat gründeten, offenbar gerufen von einem oströmischen Kaiser. Vermutlich gehörten auch die heutigen S e r b e n zu diesen Auswanderern. Ihre Sprache ist heute noch mit der der Kroaten fast identisch, doch haben ganz verschiedene politische Schicksale in den folgenden anderthalb Jahrtausenden die beiden Nachbarvölkern zu erbitterten Gegnern gemacht.

Hier sei eingefügt, dass die slawischen Einwanderer, die im frühen 6. Jahrhundert das Gebiet des heutigen Bulgariens erreichten, von einer kleinen Führungsschicht geleitet wurden, den B u l g a r e n. Diese waren k e i n e Sarmaten, aber in Herkunft, Sprache, und Kultur diesen eng v e r w a n d t. Sie kamen auf einem anderen Weg bis in den südlichen Balkan; ihre Herkunft kann man bis in das Pamir-Gebirge in Innerasien zurück verfolgen.

Einige der Slawenstämme, die ins spätere D e u t s c h l a n d einwanderten, scheinen ebenfalls von sarmatischen Adligen begleitet worden zu sein, vor allem die O b o t r i t e n (an der holsteinischen und mecklenburgischen Ostsee-Küste), wahrscheinlich auch die P o m o r a n e n an der pommerschen Ostseeküste, sowie die S o r b e n in der heutigen Lausitz (zwischen Brandenburg und Sachsen geteilt).

Auch ein Teil der Stämme, die an der östlichen Ostseeküste lebten und eine Sprache aus dem b a l t i s c h e n Zweig des Indoeuropäischen benutzten, wurden wohl in dieser Zeit von sarmatischen Einwanderern erreicht und bald beherrscht. Dies dürfte für die P r u s s e n (im späteren Ostpreußen) und für die L i - t a u e r gegolten zu haben.

Es muss betont werden, dass trotzdem offenbar keineswegs alle frühen Völker Osteuropas von Sarmaten angeführt oder beherrscht wurden. Überall gab es auch einheimische (germanische, slawische, baltische) Gruppen, die aus eigener Kraft ihre neuen Siedlungsgebiete erreichten oder behaupteten. Das alles kann hier nicht näher begründet werden. Aber es soll dem Leser einen Eindruck verschaffen, wie kompliziert offenbar die Siedlungsverhältnisse im mittleren und östlichen Europa in jenen urkundenlosen Jahrhunderten des frühen Mittelalters waren.

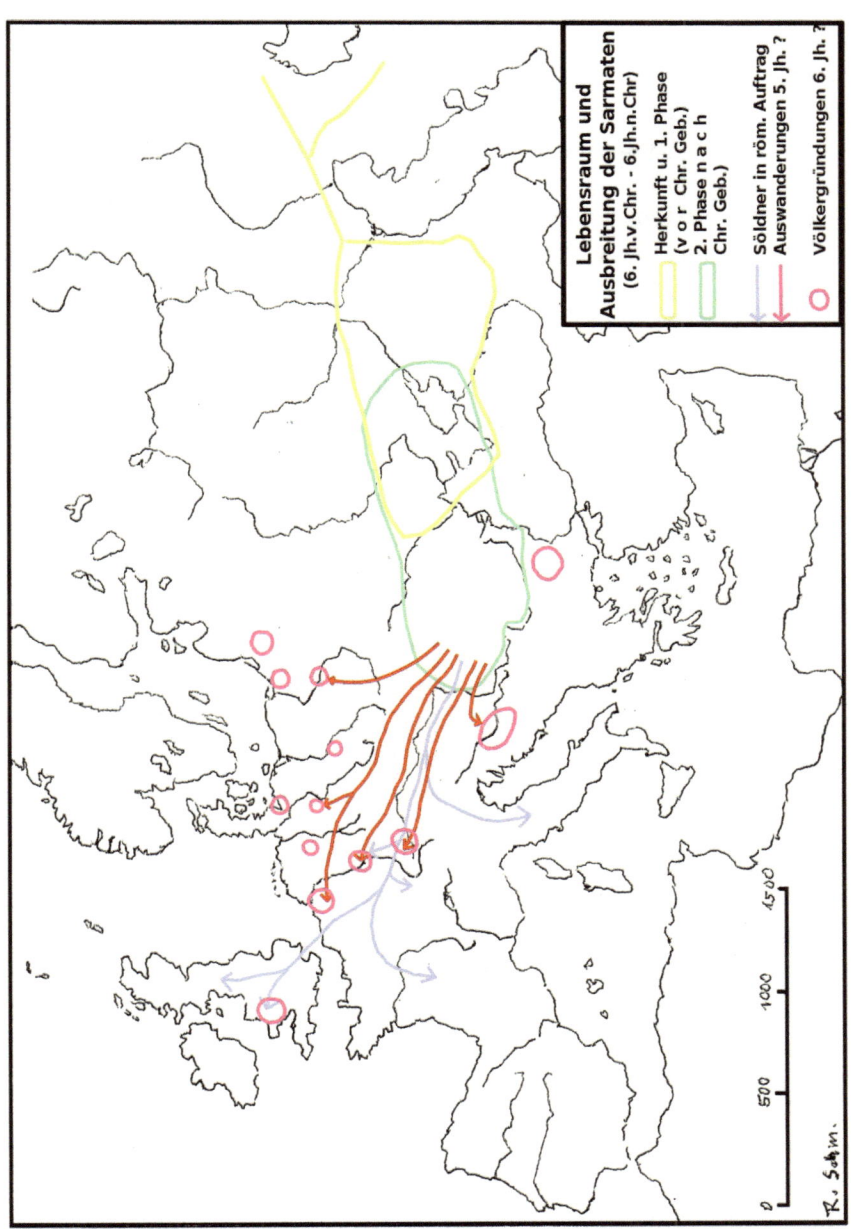

Lebensraum und Ausbreitung der Sarmaten
(6. Jh.v.Chr. - 6.Jh.n.Chr)

Herkunft u. 1. Phase
(v o r Chr. Geb.)

2. Phase n a c h
Chr. Geb.)

Söldner in röm. Auftrag
Auswanderungen 5. Jh. ?

Völkergründungen 6. Jh. ?

R. Sohn.

Zur Vervollständigung des Berichtes über vermutete Wander-
bewegungen von Sarmaten in dieser Zeit sei hier noch erwähnt,
dass möglicherweise auch eine Einwanderung nach Dänemark
(Jütland) und nach Mittel-England stattgefunden haben könnte.
Jedenfalls weisen dort aufgefundene Pferdegräber darauf hin.
Doch war es dem Autor dieses Buches bisher nicht möglich, diese Vermutung näher zu überprüfen und mit weiteren Indizien zu
erhärten.

Die Karte auf Seite 109 soll einen wenigstens ungefähren Eindruck von dieser „Aufspaltung" des Volks der Sarmaten im
Frühmittelalter und der vermuteten „Gründung" neuer Völker
durch die Adelsschicht vermitteln.

2. Römer, Germanen und Sarmaten als Herrscher im Vergleich

Die schwerwiegendste Folge der „germanischen Völkerwanderung" im 5. Jahrhundert war ohne Zweifel der Zusammenbruch
des Weströmischen Kaiserreiches. Über die Ursachen davon haben sich moderne Historiker vielfach den Kopf zerbrochen und
dabei auch viele zutreffende Gründe gefunden. Aber e i n e dieser Ursachen wurde bisher so gut wie nie erwähnt, weil die Geschichtswissenschaft im 20. und 21. Jahrhundert dafür kaum
Quellen gefunden hat.

Das war die tief sitzende Verachtung aller Angehörigen der
Oberschicht des Römischen Reiches für die einfachen Menschen,
den „misera plebs" oder die „proletarii". Dabei gehörten wohl 80
bis 90 Prozent der Bewohner des Römischen Reiches hierzu.
Nicht nur die Millionen von Sklaven, die römische Heere in den
voran gegangenen fünf Jahrhunderten in drei Erdteilen eingefan-
gen hatten, sowie deren Nachkommen, bildeten diese Schicht,

sondern noch viel mehr Millionen kleiner Bauern oder „freier" Tagelöhner, Handwerker und Arbeiter aus den von Kleinasien bis nach Mitteleuropa unterworfenen Völkern.

Die Autoren der Antike, denen die heutigen Historiker fast ausschließlich ihre Quellen verdanken, gehörten als „gebildete Menschen" (d. h. sie konnten flüssig lesen und schreiben) zu der kleinen Oberschicht von vielleicht nur 5 Prozent, innerhalb derer sich das gesamte politische Geschehen in der römischen Antike abspielte. Am Wohlergehen der „Proletarii" hatten weder Kaiser noch Feldherrn, weder römische Senatoren noch Schriftsteller irgendein Interesse. Es kam in ihrem Gedankenkreis so gut wie nie vor.

Das einzige Interesse dieser „herrschenden Kreise" war, die Millionen Arbeitskräfte so billig wie möglich auszunutzen; darüber hinaus presste ihnen der römische Staat noch das letzte Kleingeld als Steuern ab. Von irgendwelchen „sozialen Anwandlungen" war zumindest in der Spätzeit des Römischen Reiches nichts zu spüren. Die vielen „Bagaudenaufstände", die vermutlich Versuche der Auflehnung gegen diese sozialen Zustände waren, werden von den römischen Historikern, wenn überhaupt, nur in lakonischer Kürze erwähnt.

Falls diese „kleinen Leute" etwa im Gallien des 5. Jahrhunderts durch die Etablierung von zwei Königreichen unter germanischer Führung, der Westgoten und der Burgunder, eine Besserung ihrer Verhältnisse erhofft haben sollten – der christliche Kirchenvater Salvian aus Marseille deutete so etwas an ! – wurden sie bitter enttäuscht. Denn die neuen Herren ließen für ihre „römischen" Untertanen alles beim Alten. Das galt für alle germanischen Reiche der Völkerwanderungszeit, für West- und Ostgoten, für Vandalen, Burgunder und Langobarden.

Die Könige dieser Germanenvölker fühlten sich wohl unfähig, mit so komplizierten und ihren Horizont übersteigenden Erscheinungen wie der auf Münzgeldumlauf beruhenden römischen Volkswirtschaft oder dem längst bürokratisierten Steuerwesen und anderen Errungenschaften des „römischen Fortschritts" umzugehen. Auch für sie mussten die Unterschichten in den von ihnen beherrschten Reichen die winzige Herrenschicht aus germanischem Adel und Kriegern mit allem Lebensnotwendigem versorgen und im Übrigen deren Befehlen gehorchen.

Die Folge davon war der baldige Zusammenbruch all dieser in der Völkerwanderungszeit entstandenen germanischen Königreiche. D i e s e r Aspekt ihrer inneren Schwäche ist von der modernen Geschichtswissenschaft kaum je beachtet worden. Nur die Geschichtslehren des „wissenschaftlichen Marxismus" gingen darauf ein, wenn auch von einem seinerseits falschen Ausgangspunkt aus. Doch genau deshalb machen wohl heute deutsche Historiker einen großen Bogen um solcherlei Gedanken.

Das einzige Reich, was n a c h den Römern in der Mitte Europas Bestand hatte, war das „Frankenreich" - - und das war von Königen begründet worden, die eben k e i n e Germanen waren, sondern S a r m a t e n.

Mehrfach ist schon darauf hingewiesen worden, dass es keine Schriftdokumente aus dem Frühmittelalter für die Geschichte der von sarmatischen Adelsschichten beherrschten Völker in Mittel- und Osteuropa gibt. Aber auch sonstige Indizien, z. B. archäologische Funde, geben keinen Anhalt für die Annahme, es habe schwerwiegende Differenzen zwischen diesen Völkern und ihren neuen Herrschern, den S a r m a t e n gegeben.

Das „Gesetz", das den sarmatischen Adligen verbot, außerhalb ihrer Adelskaste zu heiraten, verhinderte zwar biologische Vermischung der Schichten, hat aber offenbar die Anführer nicht davon abgehalten, sich fürsorglich um ihre Untergebenen zu kümmern und sie dennoch zugleich so weit wie irgend möglich nach ihrer alten Weise leben zu lassen.

Überall scheinen die sarmatischen Herrscher sehr schnell die Sprache ihrer Untergebenen angenommen zu haben, die „fränkischen" Könige aus der sarmatischen Merowinger-Dynastie das Vulgär-Latein (oder Altfranzösisch) ihrer gallischen Untertanen, die Herren in Westfalen das West-Germanische (Alt-Sächsische) der Bauern in Westfalen oder Nordwestdeutschland, die Fürsten der (in der Entstehung begriffenen) Polen die slawische Sprache dieser Leute usw. Auch die eigene Religion wurde den Völkern von den sarmatischen Herren nicht aufgezwungen. Gerade dass keinerlei Überreste dieser Religion gefunden werden konnten, spricht dafür. Auch ihre Lebensweise als Bauern, Fischer oder Kleintierzüchter mussten die „Unterworfenen" nicht ändern.

Doch in Notfällen war es den einfachen Bauern vielleicht sehr lieb, wenn sie tapfere und militärisch geschulte Herren hatten, etwa wenn besondere Umstände (z. B. Wetterkatastrophen oder fremde Feinde) die G e s a m t bevölkerung zur Auswanderung oder zum Krieg zwangen. So etwas kam im Frühmittelalter ziemlich häufig vor. Eine Wanderung eines ganzen „Volkes" schweißte zusammen und erzeugte ein neues Gefühl der Zusammengehörigkeit, ebenso ein gemeinsamer Kampf gegen Feinde. So sind wohl auch erst die „Völker" der Ostgoten oder der Vandalen entstanden – aber nur innerhalb der jeweiligen „Heere". Der Rest der einheimischen Bevölkerung blieb in den Ländern, wohin diese Germanen kamen, davon unberührt.

So etwa kann man sich wohl auch die Genese der Völker unter sarmatischer Herrschaft vorstellen, ziemlich lautlos und undramatisch, was diesen Aspekt angeht. Das heißt aber nicht, dass in dieser Geschichtsepoche ohne jede schriftliche Quelle für diese Völker alles in ereignislosem Frieden ablief. Blickt man von Zeiten aus zurück, von denen man dank erster schriftlicher Quellen nun schon wieder etwas mehr weiß, dann muss man vermuten, dass gerade die ersten hundert oder zweihundert Jahre ihrer Existenz auch für diese Völker sehr bewegt waren. Das gilt in Deutschland etwa für die Sachsen, in Osteuropa für die Polen oder Kroaten.

3. Die deutschen Kaisergeschlechter aus sarmatischer Wurzel ?

Die Indizien für diese höchst erstaunliche Vermutung sind im Band 1 dieser Reihe ausführlich dargestellt. In d i e s e m Band werden sie nur kurz zusammen gefasst, um dem Leser wenigstens diese für die deutsche Geschichte so wichtige Erkenntnis zu vermitteln.

Für die Begründer des „Reichs der Franken"; die Könige aus der M e r o w i n g e r -Dynastie, lässt sich ihre Abstammung aus einem Stamm der Sarmaten, der Roxolanen, anhand zahlreicher Indizien nachweisen. Im Buch **Die Ahnen der Merowinger und ihr „fränkischer" König Chlodwig"** ist das ausführlich geschehen. Allerdings wird es wohl noch einige Generationen deutscher (und französischer) Historiker benötigen, bis sich in der akademischen Geschichtswissenschaft dieser Länder die Erkenntnis ausgebreitet hat, dass die „Franken" und ihre ersten Könige, die Merowinger, eben nicht unbedingt G e r m a n e n gewesen sein mussten.

K e i n e Sarmaten von ihrer Abstammung her müssen die Herrscher gewesen sein, die die Merowinger ablösen sollten, die Familie der Pippiniden und K a r o l i n g e r . Sie dürften aus germanischem Adel hervorgegangen sein. Das schließt allerdings nicht aus, dass von dieser Familie Eheverbindungen mit den Merowingern eingegangen worden sind. Den sarmatischen Königen aus diesem Geschlecht war zwar die Eheschließung mit Frauen aus der unteren Kaste verboten, nicht aber mit Töchtern aus adligen Familien anderer Abstammung. Doch den Karolingern war es später peinlich, solche Ehebande zuzugeben, hatten sie doch, als ihre Fürsten die Merowinger noch nicht von ihrem Königsthron verdrängt hatten, diese in ihrer Propaganda als „rois fainéants" („Nichtstuer-Könige") hingestellt.

Bereits der erste König, der im inzwischen entstandenen „Ostfranken-Reich" - etwa der alten Bundesrepublik vor 1990 entsprechend – dem letzten König aus der Karolinger-Familie folgte, der Herzog Konrad von Franken (911 – 918) hatte jedoch höchstwahrscheinlich wieder sarmatische Ahnen. Denn seine Familie stammte ursprünglich aus dem Nahe-Gau l i n k s des Mittelrheins, dorther, wo sich bereits 500 Jahre früher sarmatische Adlige mit ihren Gefolgschaften Weideland für ihre Viehherden gesichert hatten.

Die folgende Dynastie, die dann für ein Jahrhundert die deutschen („ostfränkischen") Könige und die „römischen" Kaiser stellen sollte, kam aus dem Stamm der S a c h s e n . Deren sarmatische Abstammung ist in diesem Buch ausführlich erklärt worden.

Den Sachsen-Kaisern folgten solche aus der Herrscherfamilie der S a l i e r , deren Ursprung im l i n k s rheinischen Bereich des Hunsrücks zu suchen ist. Auch bei ihnen sprechen viele Indizien dafür, dass sie von sarmatischen Adligen abstammen, die zu

Beginn des 5. Jahrhunderts hier Zuflucht vor der Bedrohung durch die Hunnen gesucht hatten (siehe Band **1, Sarmaten – Unbekannte Väter Europas**, S. 80 f.).

Die Kaiser der salischen Dynastie wurden abgelöst durch Herrscher aus der schwäbischen Dynastie der S t a u f e r (1138 – 1254, zwischendurch kurzzeitig einige Könige aus anderen Geschlechtern). Sehr Vieles spricht dafür, dass auch die Staufer Nachfahren von Adligen aus dem Sarmatenstamm der Turkerer waren, die es um 470 nach dem heutigen Schwaben verschlagen hatte (siehe dazu Band **5: Schwaben – ein neuer Volksstamm ganz verschiedener Herkunft**).

Doch auch das Adelsgeschlecht, das den Staufern (mit wenigen Unterbrechungen) folgte, die H a b s b u r g e r, lassen sich sehr wahrscheinlich auf eine Herkunft aus dem Schwabenland und aus einem sarmatischen Adelsgeschlecht der dortigen Turkerer zurückführen. Diese Dynastie regierte das „Heilige Römische Reich deutscher Nation" bis zu seinem Ende 1806 und das Kaiserreich Österreich anschließend bis 1918.

Schließlich kam die letzte Familie, die deutsche Kaiser stellte, die H o h e n z o l l e r n , erwiesenermaßen ebenfalls aus Schwaben und dürfte damit sarmatische „Gene" weiter getragen haben, selbstverständlich ohne dass sie davon eine Ahnung hatten.

Bis auf die Habsburger und die Hohenzollern, deren Familien heute noch zahlreich sind, sind alle anderen Kaiserdynastien wenigstens im Mannesstamm schon lange ausgestorben.

Aber merkwürdig: Gerade bei den Habsburgern und den Hohenzollern scheint sich ein uraltes „sarmatisches Tabu" bis heute gehalten zu haben. Das ist die Regel, dass wenigstens die Ober-

116

häupter dieser Familien (und damit theoretisch „Thronanwärter")
eine ebenbürtige Ehe eingehen müssen, das heißt nur eine Frau
aus einem hochrangigen Adelshaus wird für sie akzeptiert.

Ist das eine unbewusste Erinnerung an die Regeln eines Volkes,
das vor vielen Jahrtausenden aus Innerasien bis nach Europa kam
und dessen Adelskaste zu Anführern so vieler neu entstehender
Völker im mittelalterlichen Europa wurde ?